Augusto Tavares Rosa Marcacini

Advogado em São Paulo. Mestre e Doutor em Direito Processual pela
Faculdade de Direito da Universidade de São Paulo. Professor de Direito
Processual Civil da Universidade São Judas Tadeu. Presidente da Comissão de
Informática Jurídica da OAB-SP nos Triênios 2003-2006 e 2007-2009.

I0462075

ASSISTÊNCIA JURÍDICA, ASSISTÊNCIA JUDICIÁRIA E JUSTIÇA GRATUITA

e outros estudos sobre o Acesso à Justiça

São Paulo, 2009 (edição eletrônica)

MARCACINI, Augusto Tavares Rosa. Assistência Jurídica, Assistência Judiciária e Justiça Gratuita, São Paulo, 2009.

ISBN: 978-0-557-24192-7

Sumário

Augusto Tavares Rosa Marcacini

Prefácio à edição eletrônica

A presente monografia foi originalmente apresentada como Dissertação de Mestrado ao Departamento de Direito Processual da Faculdade de Direito da Universidade de São Paulo, em 1993, sob a orientação do Prof. Dr. Luiz Carlos de Azevedo. Publicada em livro pela Editora Forense em 1995, com posteriores tiragens até 2003, esta obra encontrava-se esgotada já há alguns anos.

Estando eu envolvido com os movimentos *free culture*, há tempos que desejava publicar este texto na Internet, em formato eletrônico, nos termos da licença livre *Creative Commons*, o que finalmente faço agora, neste final de 2009, assim publicando tanto esta Dissertação como também minha posterior Tese de Doutorado.

Este estudo certamente mereceria uma atualização e me penalizo diante do leitor por ainda não tê-la feito. Acredito que esta Dissertação teve boa recepção na comunidade jurídica, tanto acadêmica como profissional, sendo frequentemente citada na doutrina posterior sobre o tema, ou em julgados dos mais diversos Tribunais do nosso país. Por ora, nesta tentativa de reeditá-la e torná-la novamente disponível ao público, o formato eletrônico traz a mesma redação final de sua última tiragem, que por sua vez foi o resultado de alguns ajustes e atualizações feitos sobre a Dissertação originalmente apresentada em 1993. Assim, alguns fatos ilustrativamente citados como contemporâneos ao texto referem-se àquele ano de conclusão da Dissertação, o que não deve prejudicar o conteúdo principal deste trabalho, uma vez que são comentários meramente marginais; por outro lado, neste intervalo de tempo não houve alteração legislativa que afastasse as proposições aqui lançadas, embora sobrem no texto algumas referências a normas já modificadas, de modo que tenho a intenção de atualizá-lo, num futuro que, espero, seja breve. Em minha opinião, o texto em si não demanda muitas alterações ou atualizações, mas gostaria de aprofundar um pouco mais alguns dos temas tratados, ou acrescentar e comentar alguns julgados mais recentes sobre a matéria. De certo modo, alegro-me em dizer que um primeiro passo já está dado nesta direção, eis que a mera publicação desta edição eletrônica já me exigiu a revisão dos "antigos" arquivos eletrônicos que estavam em meu poder, produzidos ao tempo da elaboração da Dissertação de Mestrado, e que não refletiam exatamente as edições posteriormente publicadas em livro. Além disso, esses arquivos eletrônicos precisaram ser recuperados, convertendo-se para um formato legível pelos editores de texto hoje em uso: isto é sinal dos tempos em que vivemos!

Retirei desta versão eletrônica o apêndice de jurisprudência que acompanhava o livro antes publicado. Tal ementário, com mais de uma centena de itens, foi igualmente coletado durante minhas pesquisas para o Mestrado, de modo que o mais novo destes julgados estaria beirando as duas décadas de idade, o que não teria grande utilidade prática para o profissional, a não ser por razões históricas. Ademais, a pesquisa de jurisprudência nos dias atuais, com o uso de meios eletrônicos, tornou-se muito mais prática e eficiente do que coletâneas de ementários, estáticos e parados no tempo, de modo que o leitor certamente fará melhor uso dessas facilidades modernas caso queira conhecer julgados sobre a gratuidade processual.

Em contrapartida, o apêndice deste livro eletrônico contém dois textos relacionados com o título principal. O primeiro deles resultou de um fórum de debates denominado *Mesa de Assistência Judiciária*, organizado na FD-USP durante a primeira metade dos anos 90 pelo Prof. Dr. Walter Piva Rodrigues, que reuniu estudantes, em sua maioria estagiários do Departamento Jurídico XI de Agosto, membros da extinta Procuradoria de Assistência Judiciária, hoje Defensoria Pública, e mais alguns interessados pelo tema. Da soma resultante desta Dissertação, então recém defendida, e dos debates promovidos nesses encontros, escrevemos um Anteprojeto de Lei propondo um novo texto legal em substituição da velha Lei n° 1.060/50, que, emendada como uma colcha de retalhos, ainda rege a concessão da gratuidade processual aos carentes de recursos. Mas, claro, um anteprojeto de lei que trata do pobre não mereceu muita atenção neste país, exceto quando, em 2000, "comemorou-se" os cinqüenta anos da Lei atual, ocasião em que a Assistência Judiciária mereceu um destaque incomum nos meios jurídicos e acadêmicos. Depois disso, o tema voltou para as sombras que costumeiramente o recobrem. O segundo texto incluído no apêndice é um artigo por mim escrito ainda na vigência da anterior Lei Estadual de custas judiciais, encontrando-se, por isso, desatualizado frente ao direito em vigor, mas creio que a essência do assunto e a abordagem ali feita - sob a ótica do acesso à Justiça - ainda sejam bastante atuais. De todo modo, admito que este artigo é mais uma das minhas pendências pessoais, no aguardo de uma atualização, pelo que também espero a gentil condescendência do leitor.

São Paulo, Dezembro de 2009.

Augusto Tavares Rosa Marcacini

Licença "Creative Commons"

Esta versão eletrônica é distribuída pela licença *Creative Commons*, com as cláusulas: a) Atribuição; b) Uso Não-Comercial; c) Vedada a Criação de Obras Derivadas. Isso significa que **é permitido copiar, distribuir, exibir e executar esta obra livremente**, observadas as seguintes condições:

a) deve-se dar crédito ao autor original.

b) é vedado o uso desta obra com finalidades comerciais.

c) é vedada a criação de obras derivadas.

Informações sobre o projeto *Creative Commons* podem ser obtidos em http://www.creativecommons.org.

Augusto Tavares Rosa Marcacini

Capítulo I - Introdução

1. Escolha do tema e sua importância

Diz-se, popularmente, que "uma coisa é a teoria, a prática é outra". O Direito não escapa da expressão. Na beleza da teoria, em sua perfeição de conceitos, de princípios, de regras, muitas vezes se esconde, e não raro se perde, a finalidade a que se presta.

O estudo do Direito é apaixonante, mas é forçoso constatar que a sua aplicação - ou inaplicação ? - prática por vezes deixa o indesejável sentimento de frustração.

Neste final de século, voltam-se os esforços e as atenções para a busca de melhores condições de vida para a humanidade: espera-se que o desenvolvimento científico-tecnológico possa trazer benefícios para todos, que as facilidades do mundo moderno se popularizem, que a fome, o analfabetismo e a miséria sejam erradicadas, enfim, prega-se a igualdade universal efetiva entre os homens. Mesmo, porém, quando as preocupações se voltam para a realização destes valores fundamentais, a diferença entre o "querer" e o "poder", entre a teoria e a prática, ainda subsiste.

O tema escolhido para a presente obra envolve um destes conflitos entre o desejado e o realizado. A assistência jurídica integral e gratuita, promessa constitucional, tem por finalidade tornar as pessoas efetivamente iguais perante o Direito. Mas as dificuldades são muitas, o que talvez torne o tema ainda mais instigante.

A importância do tema se acentua quando vislumbramos o número brutal de indivíduos que estão na linha da pobreza, ou abaixo dela. No Brasil, a triste constatação é a de que a pobreza aumenta progressivamente. Em 1988, a pobreza absoluta atingia 32,5% da população, ou 44 milhões de habitantes. Por pobreza absoluta define-se a situação das pessoas com rendimento inferior a um quarto do salário mínimo, ou que vivem em famílias com rendimento menor que um salário mínimo.[1]

No quesito distribuição de renda, ocupa o Brasil posição desprivilegiada:

> *"Nos países do Leste europeu e na URSS, os 10% bem aquinhoados são entre 3 e 7 vezes mais ricos que os 10% mais pobres. Nos países industrializados ocidentais, EUA e Reino Unido inclusive, países que o liberais brasileiros fingem tomar como paradigmas, aquela relação varia entre 5 e pouco mais do que 10. Os tigres asiáticos também não são muito selvagens: Japão, Hong-Kong, Coréia e Taiwan apresentam distribuições tais que em nenhum deles os 10% mais ricos são mais do que 15 vezes mais ricos que os 10% mais pobres (no Japão essa relação é de cerca de 6 vezes). Nos países subdesenvolvidos da Ásia, essa relação varia entre 10 e 40, o mesmo acontecendo na África, com exceção da África do Sul e de sua região de influência onde esse fator chega a cerca de 60 vezes. Na América do Sul, excluindo o Brasil, é no Peru que a renda se mostra mais concentrada, onde os 10% mais ricos chegam a ser 50 vezes mais ricos: aqui os 10% mais ricos ganham cerca de 90 vezes mais do que os 10% mais pobres!".[2]*

Os dados relativos ao analfabetismo também são alarmantes. Segundo o critério de *"saber escrever um bilhete simples"*, dados do IBGE indicam que 18% da população, ou 26 milhões de pessoas, são analfabetos. Um critério mais exigente elevaria o número para 60 milhões de habitantes.[3]

Pesquisa mais ampla elaborada pelas Nações Unidas, levou à criação do "Índice de Desenvolvimento Humano", critério de aferição da qualidade de vida em 160 países do globo. Além dos indicadores econômicos, outras variáveis compõem a formação do índice: educação, saúde, distribuição de renda e liberdade humana. O Brasil ocupava, na pesquisa divulgada em 1991, a 60ª posição no *ranking*.[4]

---

[1] Ver *A Folha de São Paulo"* 01.12.90, p. B-16.

[2] Otaviano Helene, "A pior distribuição de renda do mundo. Até quando?", artigo publicado no jornal *A Folha de São Paulo*, 26.12.90, p. C-8.

[3] Ver *A Folha de São Paulo*, 02.09.91, pp. 1-7.

[4] Ver *Gazeta Mercantil*, 23.05.91, p. 8; *A Folha de São Paulo*, 24.05.91, pp. 2-5.

Não obstante as desesperançosas condições do nosso país, é oportuno mencionar que não só o Brasil e países de terceiro mundo abrigam grande contingente de pessoas pobres. Segundo a mesma pesquisa divulgada pelas Nações Unidas, mais de 100 milhões de pessoas vivem abaixo da linha da pobreza (ganham menos do que o suficiente para sobreviver), nos países industrializados do hemisfério norte, e outros 200 milhões estão nesta condição na União Soviética e na Europa Oriental.

Diante de tal quadro, ao mesmo tempo em que a assistência jurídica passa a ter importância fundamental para resgatar a cidadania de volume gigantesco de seres humanos, o instrumento não pode deixar de ser visto como mero paliativo, diante do ideal, possivelmente utópico mesmo a longo prazo, de erradicar a pobreza.

De outro lado, voltando ao Brasil, mostra-se praticamente impossível conceder o benefício a todos os carentes de recursos, pelo simples fato de que a pobreza, neste país, é regra, e não exceção.[5] O número de pessoas potencialmente usuárias do serviço é muito superior à capacidade de atendimento, ainda que esta seja ampliada. A solução para o problema, portanto, passa pela diminuição dos níveis de pobreza. Aliás, o verdadeiro problema é a própria existência de pessoas em condições alarmantes de pobreza, e não a impossibilidade de atender a todos os pobres. A assistência jurídica, assim, só pode contribuir para tornar a pobreza menos áspera.

São com estes olhos que vemos o tema desta obra: trata-se de instituto de destacada importância para que se possa alcançar a efetiva igualdade jurídica entre os homens; todavia, é, ao mesmo tempo, um simples bálsamo a amenizar a dor do paciente, mas que não cura o mal de que padece.

---

[5] O problema de atender a todos que necessitam de assistência jurídica não é exclusivo de países pobres. Reportagem publicada na Revista *The Economist* (09.01.1993 a 15.01.1993), sob o título *"What price justice?"*, afirma que o Governo britânico planeja tornar mais rígidos os critérios para determinar quem é beneficiário de assistência jurídica, o que traria resultados desastrosos: muitos réus em processos criminais seriam processados sem a defesa de um advogado.

2. O objeto do presente trabalho

A presente obra busca analisar os institutos da Assistência Jurídica, da Assistência Judiciária e da Justiça Gratuita. Os três conceitos são muitas vezes confundidos, de modo que se faz necessária a definição conceitual de cada um deles, a fim de permitir distingui-los adequadamente.

Buscamos apresentar, igualmente, a extensão compreendida por estes benefícios, o perfil do beneficiário, considerações acerca do órgão prestador do serviço, além de uma abordagem dos aspectos processuais relacionados com o tema. A respeito destes aspectos legais e processuais da gratuidade processual, não pudemos deixar de atribuir destacada importância às decisões judiciais acerca de pontos controvertidos, pois somente na jurisprudência encontramos o dinamismo, a variedade de situações e a proximidade com a realidade que o tema exige. Alguma experiência acumulada na prestação da assistência jurídica à população também serviu de fonte para a presente obra.

Sem maiores pretensões de exibir as razões filosóficas da gratuidade, a obra também contém aspectos históricos e algumas considerações sobre os princípios que servem de fundamento valorativo para a assistência jurídica.

Capítulo II - Aspectos Históricos

Desde tempos remotos, o Direito guarda relação com o justo, e isto fez com que ao pobre fossem concedidas graças, favores, proteção. A preocupação de não deixar que o fraco fosse oprimido pelo mais forte já se mostrava presente na Babilônia de Hamurabi. Humberto Peña de Moraes menciona, citando Jayme de Altavila, inscrição que Hamurabi mandou fazer em seu monumento: "Eu sou o governador guardião. Em meu seio trago o povo das terras de Sumer e Acad. Em minha sabedoria eu os refreio, para que o forte não oprima o fraco e para que seja feita justiça à viúva e ao órfão. Que cada homem oprimido compareça diante de mim, como rei que sou da justiça".[6]

A assistência jurídica tem antecedentes históricos em Atenas, onde eram anualmente nomeados dez advogados para defender os pobres.

Em Roma, considera-se tenha sido obra de Constantino a primeira inserção em texto legal para que fosse dado advogado a quem não o tivesse, norma que seria incorporada, posteriormente, por Justiniano, ao *Digesto*, Livro I, Título XVI, §5°:

> *"Deverá dar advogado aos que o peçam, ordinariamente às mulheres, ou aos pupilos, ou aos de outra maneira débeis, ou aos que estejam em juízo, se alguém os pedir; e ainda que não haja nenhum que os peça, deverá dá-lo de ofício. Mas se alguém disser que, pelo grande poder de seu adversário, não encontrou advogado, igualmente providenciará para que lhe dê advogado. Demais, não convém que ninguém seja oprimido pelo poder do seu adversário, pois também redunda em desprestígio do que governa uma província, que alguém se conduza com tanta insolência que todos temam tomar a seu cargo advogado contra ele".[7]*

---

[6]   Humberto Peña de Moraes, "A Assistência Judiciária Pública e os Mecanismos de Acesso à Justiça, no Estado Democrático", tese apresentada no Encontro Participação e Processo.

[7]   Cf. Artemio Zanon, *Da Assistência Jurídica Integral e Gratuita*, pp. 8-9.

É interessante observar, ao final do texto transcrito, que, além da nomeação do advogado guardar relação com critérios de justiça e a eqüidade, o espírito prático dos romanos já percebia que a impossibilidade material de uma das partes defender-se em juízo obscurecia o próprio poder do "Estado". Ainda no *Digesto*, diz o Livro III, Título I, §4°: "Disse o pretor: se não tiverem advogado, eu lho darei".

Durante a Idade Média, com a expansão do Cristianismo e seus valores éticos de proteção aos mais fracos, observamos a criação pela Igreja da figura do *advocatus pauperum deputatus et stipendiatus*.

> *"L'istituto acquista contorni precisi e lineamenti giuridici definiti e non si esaurisce nell'obbligo caritativo individuale e occasionale di prestare patrocinio ai poveri senza remunerazione, ma si traduce in un permanente ufficio, investito di apposite funzioni, a cui sono connessi particolari compiti e privilegi".[8]*

Menciona Artemio Zanon outros "marcos importantes" na história da Assistência Judiciária, verificados na França, durante a Idade Média: "os *Établissements* de São Luiz IX (1214 a 1270); os *Requêtes du Palais*, de Carlos IV (1316 a 1378)".[9]

Outros marcos importantes foram a Declaração de Direitos do Estado de Virgínia, de 1776, e a Declaração dos Direitos do Homem e do Cidadão, de 1789, sob a influência do Iluminismo e do princípio de que "todos são iguais perante a lei". Assim, mais do que benefício concedido por caridade ou benevolência, a assistência judiciária passa a categoria de direito do homem, correspondendo a um dever do Estado.

Nas Ordenações Manoelinas, do "preparo" a que estavam sujeitos dois dos recursos previstos, o pobre poderia ser isentado. O recurso de agravo ordinário era sujeito a preparo, no valor de novecentos reais. Todavia, o pobre estaria isento do pagamento, se rezasse em audiência um Pai Nosso pela alma de D.Diniz.[10] Para os

---

8   Domenico Marafioti, *L'assistenza giudiziaria ai non abbienti*, p. 12.

9   Id., ibid., p. 9.

10   "E em todo caso onde o Agravante for tão pobre, que jure não ter bens móveis, nem de raiz, nem por onde pague o agravo, (dizendo na Audiência um *Pater Noster* pela alma *d'ElRey* D. Diniz), ser-lhe-á havido como que pagasse os novecentos reais,

recursos de revista, era necessário o depósito em caução de sessenta cruzados de ouro, que seriam devolvidos ao recorrente em caso de acolhimento da revista, ou reverteriam para os Desembargadores da sentença atacada, se improvida. Se a parte fosse pobre, ficaria a critério do Rei determinar que o depósito fosse feito ou não.[11]

As Ordenações Filipinas, que vigoraram no Brasil até o Código Civil de 1916, mantiveram a disposição das ordenações anteriores. Foram mantidas a dispensa do "preparo" do agravo ordinário - desde que a parte rezasse em audiência pela alma *d'ElRey* D. Diniz[12] - e dos recursos de revista - ficando a critério do Rei dispensar ou não a parte pobre do pagamento.[13] A alegação de suspeição do juiz era condicionada ao oferecimento de caução, de valor variável conforme a hierarquia do magistrado, mas o pobre era isento desta caução.[14]

No Brasil republicano, os Códigos de Processo Civil estaduais tratavam do tema, o de Pernambuco, no art. 68, da Bahia, nos arts. 38 e seguintes, de São Paulo, no art. 65 e seguintes, e Minas Gerais, no art. 68.[15]

Como garantia constitucional, a assistência judiciária apareceu somente na Constituição de 1934, em seu art. 113, § 32. Excluída da Constituição do Estado Novo, a gratuidade se manteve como norma infra-constitucional, no Código de Processo Civil de 1939. A garantia

---

contanto que tire de tudo certidão dentro do tempo que havia de pagar o agravo" (L.3, T.77, §16).

[11] "Porém se for pessoa pobre, ou miserável, a que Concedermos a dita Revista, ficará a Nós Mandarmos que se paguem os ditos sessenta cruzados, ou não, ou que se reveja seu feito sem por os ditos sessenta cruzados, que assim Ordenamos que se ponham" (L.3, T.78, §2).

[12] (L.3, T.84, §10).

[13] (L.3, T.95, §2).

[14] "E a pessoa, que puser qualquer das ditas suspeições, não será relevada de depositar a caução, salvo sendo tão pobre, que a não tenha, para o que lhe não será admitido juramento, mas somente o poderá provar por testemunhas; e aos pobres, que notoriamente constar que não têm possibilidade para depositar a caução, nas causas que penderem nas Casas da Suplicação e do Porto, poderá moderar a caução pelo Regedor, ou Governador, como lhes parecer justo" (L.3, T.22, §2).

[15] Calmon de Passos, "O Problema do Acesso à Justiça no Brasil", *in Revista de Processo*, nº 39, pp. 78-88.

retornou ao *status* de norma constitucional em 1946, no art. 141, § 35. Em 1950, foi promulgada a Lei n° 1.060, que disciplina a concessão da assistência judiciária, até hoje em vigor, após uma série de alterações posteriores ao seu texto original. Nas Constituições de 1967 e 1969 o princípio foi mantido, respectivamente, nos arts. 150, § 32, e 153, § 32. A atual Carta, alargando o âmbito da promessa constitucional, garante a *assistência jurídica integral e gratuita*, em seu art. 5°, inciso LXXIV.

Capítulo III - Fundamentos Valorativos da Assistência Jurídica

1. O princípio da isonomia. O Estado Democrático e o *Welfare State*

Desde o Iluminismo e a Revolução Francesa, o homem tem-se inspirado nos ideais de igualdade de todos perante a lei. O modelo de Estado Democrático, hoje, tem como fundamento básico a isonomia.

O conceito de igualdade, porém, desde a Revolução Francesa e o Iluminismo, sofreu uma sensível evolução. Mais do que a mera igualdade formal, a garantia de tratamento igualitário pela lei, a proibição de privilégios legais, é necessário falar-se em igualdade de possibilidades. Em um Estado verdadeiramente democrático, todos devem ter, substancialmente, na sociedade, as mesmas possibilidades de desenvolvimento social, intelectual, econômico. Enfim, todos devem viver em condições compatíveis com a dignidade humana, condições estas que, por sua vez, não são estáticas, mas devem acompanhar o estágio de desenvolvimento tecnológico da sociedade.

Abordando o tema tão somente sob o prisma jurídico, não basta que o ordenamento confira uma série de direitos à população; é necessário que todos tenham as mesmas oportunidades de *exercer* estes direitos conferidos pelo ordenamento jurídico. A garantia formal de que todos serão tratados igualmente pela lei não basta; antes, até, levará à perpetuação das desigualdades.[16]

Como salientam Rogério Lauria Tucci e José Rogério Cruz e Tucci, a igualdade deve ser proporcional. "Tem de considerar as diversidades existentes entre os homens, posto que o tratamento igual a

---

[16] É comum dizer-se que a única legislação que, na prática, é aplicada ao pobre é a legislação penal! No âmbito não-penal, notadamente quanto aos direitos privados, além do carente de recursos em razão da desvantagem econômica, ser titular de poucos direitos, ainda encontra dificuldades para exercê-los.

pessoas que se encontram em situações diferentes consistiria autêntica iniqüidade"[17].

A isonomia deve, pois, ser entendida substancialmente. Todos devem ter as mesmas chances de atingir o conteúdo da norma, a finalidade a que se presta, ainda que por caminhos - formas - diferentes. No plano do direito material, significa que todos devem ter a possibilidade de ser titulares dos direitos que o ordenamento jurídico lhes confere e de efetivamente exercê-los. No plano processual, o acesso à Justiça e a possibilidade de litigar em igualdade de condições se impõe. Todos devem poder exercer, substancialmente, todo o conjunto de direitos e faculdades que a lei processual assegura aos litigantes.

A isonomia implica dispensar tratamento igual aos iguais, e desigual aos desiguais, na proporção de sua desigualdade. Aos desiguais, deve haver tratamento formalmente desigual, para que a desigualdade fática possa ser compensada, atingindo-se a igualdade substancial.

Com a evolução do conceito de isonomia, o próprio Estado haveria de se aprimorar. Como as condições fáticas fazem as pessoas diferentes, o Estado liberal, o *laissez faire* não contribui para a igualdade substancial entre os homens. Do contrário, perpetua a desigualdade fática. Para promover a efetiva igualdade de todos, o Estado passou da posição de mero *night watchman* para um Estado que intervém, desempenhando prestações positivas. Do Estado liberal, passou-se para o Estado do bem-estar social (*Welfare State*).

Embora haja certo refluxo das idéias liberais, vivido atualmente, não se pode cogitar de um abandono do Estado intervencionista, na busca de neutralizar, ou ao menos diminuir, as diferenças entre os indivíduos, permitindo a todos o acesso a uma vida digna. Certamente, o grau e o tipo de intervenção estatal desejados devem ser cuidadosamente estudados. A intervenção estatal não é um

---

[17] Rogério Lauria Tucci e José Rogério Cruz e Tucci, *Constituição de 1988 e Processo*, p. 38.

fim em si mesma, devendo ser dirigida para a finalidade de diminuir as desigualdades sociais existentes.[18]

Retornando ao aspecto puramente jurídico da questão, para assegurar a igualdade de todos há a necessidade do desempenho de prestações positivas por parte do Estado, entre as quais se situa a prestação da assistência jurídica integral e gratuita.

2. A Assistência Jurídica e os fundamentos do Direito Processual

2.1. Os conflitos de interesses e a jurisdição

A vida do homem em sociedade leva, inevitavelmente, ao surgimento de conflitos de interesses. O Direito, como instrumento necessário à vida do homem em sociedade, regula os conflitos de interesses, determinando quais os interesses que devem prevalecer, sendo atendidos, e quais devem ser afastados, em prol do interesse juridicamente protegido.

O conflito de interesses pode vir a ser solucionado de diversas formas, desde o cumprimento espontâneo do Direito pelos sujeitos envolvidos, passando por formas extraprocessuais como a auto-composição, formas de justiça privada como a arbitragem, até chegarmos à jurisdição, que é o poder do Estado de solucionar o conflito de interesses, mediante a aplicação do Direito.

Diferentemente das demais formas de solução dos conflitos, a jurisdição é a única forma que é expressão do poder soberano do Estado. E, como tal, é a única que pode ser imposta, coativamente, às partes envolvidas no conflito. A jurisdição é monopólio estatal, na medida em que o Estado proíbe que se faça justiça com as próprias mãos, crime tipificado no art. 345 do nosso Código Penal. Somente ao Estado incumbe a função de impor uma solução ao conflito de

---

[18] A intervenção estatal deve ser qualitativa, não quantitativa. Tome-se o (mau) exemplo do Estado brasileiro: superdimensionado, intervencionista, mas, como se diz cotidianamente, um verdadeiro "Robin Hood às avessas: tira dos pobres para dar aos ricos".

interesses, porque somente este é soberano. As demais formas de solução dos conflitos, embora também importantes para a sociedade, dependem de um maior ou menor grau de aceitação por parte dos envolvidos no conflito; dependem, enfim, da vontade das partes envolvidas. A jurisdição, como expressão da soberania estatal, se impõe, independentemente da vontade dos litigantes.

Se a vida do homem em sociedade pressupõe a existência de um Direito, não basta, apenas, que existam normas que regulem a vida dos homens; necessário se faz que estas normas sejam cumpridas. O poder jurisdicional do Estado, mais do que um mero "hospital" que cura as feridas abertas aqui e ali, resolvendo os conflitos jurídicos dos indivíduos, é instrumento de manutenção e estabilidade da vida em sociedade. É finalidade da jurisdição promover a pacificação social, mediante a solução dos conflitos existentes na sociedade. Solucionando os conflitos, faz com que a vida em sociedade continue a existir de forma harmônica, evitando que a perpetuação e multiplicação de litígios leve a uma desagregação do tecido social que, por fim, desembocaria numa "guerra de todos contra todos". E, por outro lado, por meio do exercício da jurisdição o Estado faz com que o ordenamento jurídico seja cumprido. Com isto, o Direito é aplicado. Mediante o exercício da função legislativa, o Estado impõe normas jurídicas à população, determina quais as regras de convívio social que são desejadas e devem ser seguidas pela população. E, com isto, afirma sua soberania, impõe os modelos de conduta desejáveis. Porém, de nada valeria a atividade legislativa se não houvesse meios de impor o cumprimento destas normas. Assim, temos que a função de criar leis e de aplicar as leis são facetas inseparáveis da soberania estatal. Soberano, no plano interno, é o Estado que as exerce, ambas, com plenitude.

O exercício efetivo do poder jurisdicional, a fim de satisfazer as finalidades desejadas, implica que todos os conflitos sejam passíveis de solução. Se alguns conflitos escapam do controle jurisdicional, é sinal de que a soberania estatal está sendo posta de lado. Logicamente, sendo a inércia um dos princípios que orientam a jurisdição, não havendo a provocação por parte do interessado, ou do legitimado a pleitear o interesse em questão, tal conflito não será apreciado, sem que isto queira dizer uma afronta à soberania do Estado. Se, por vontade inequívoca do interessado, manifestada livremente de pressões, não se deseja levar o conflito a juízo, disso podemos inferir uma aceitação, uma solução espontânea do conflito, ainda que em desacordo com o direito material. Mas, se o conflito não vem à apreciação do Judiciário porque, embora querendo solucioná-lo, o interessado enfrente barreiras intransponíveis, ou que dificultem o acesso à Justiça, estamos diante de uma falha do sistema: este conflito não será solucionado pelo poder estatal, o Direito não será imposto neste caso concreto. A própria soberania estatal é posta em xeque e denota a impotência do Estado para fazer cumprir o ordenamento jurídico dentro de seu território.[19]

2.2. Princípios fundamentais do Direito Processual

Em sua tarefa de regular o exercício da jurisdição por parte do Estado, compete ao Direito Processual estabelecer regras que permitam um adequado manejo do poder pelos órgãos jurisdicionais. Busca, assim, evitar que o poder se transforme em arbítrio; busca atingir resultados satisfatórios da atividade jurisdicional do Estado; busca a justa solução para o conflito.

Em um Estado Democrático, o Direito Processual deve ser um instrumento para a justa realização do Direito. Deve garantir a todos, indistintamente, os meios necessários ao acesso à Justiça e à adequada participação na relação processual. O Direito Processual, assim, é orientado por alguns princípios fundamentais, que visam a assegurar estes valores. Entre estes princípios, destacamos: *a)* a inafastabilidade do controle jurisdicional; *b)* o devido processo legal; *c)* a isonomia processual; e *d)* o contraditório.

---

[19] Notícias que são cotidianamente divulgadas pela imprensa nos fazem questionar até que ponto, no Brasil, o Estado exerce verdadeiramente sua soberania no plano interno: denúncias de trabalho escravo, linchamentos, execuções privadas, grupos organizados controlando presídios e favelas, criando e impondo normas próprias. Não nos deteremos com o tema, porque foge ao objeto desta obra. Limitamo-nos, aqui, a formular esta indagação.

2.2.1. A inafastabilidade do controle jurisdicional

A Constituição de 1988, em seu art. 5º, inciso XXXV, dispõe: "a lei não excluirá da apreciação do Poder Judiciário lesão ou ameaça a direito". O princípio constitucional assegura, então, que nenhum conflito poderá deixar de ser apreciado pelos órgãos jurisdicionais, que darão a solução final e definitiva para todo e qualquer litígio. Trata-se da garantia constitucional do direito de ação.

A garantia deve ser entendida de forma mais ampla, e não como a mera afirmação formal de que o Judiciário se encontra de portas abertas, à espera dos litigantes, negando-se a admitir que obstáculos vários existem no caminho. Se a ação não é exercida, não por ato de vontade, mas por impossibilidade material de fazê-lo, de nada adianta a garantia formal de que o Judiciário está de "portas abertas". Para assegurar plenamente o exercício do direito de ação, tais obstáculos devem ser removidos.

De outro lado, ao falar em "apreciação", certamente a Constituição quer se referir a uma "apreciação útil". Ou seja, ao Poder Judiciário não se pode furtar a apreciação do caso, aliada à possibilidade de entregar uma prestação jurisdicional idônea a solucionar o conflito, a reparar a lesão, a proteger o direito violado, a fazer justiça no caso concreto. Não se pode imaginar que a "apreciação" se resuma tão-somente a conhecer do conflito, sem ter meios para impor a solução que se mostrar justa e adequada ao caso concreto.[20]

---

[20] Fatos recentes nos levaram a questionar o sentido a expressão "apreciação". Por ocasião da série de medidas medidas econômicas de março de 1990, conhecidas por Plano Brasil Novo, uma série de atentados aos direitos individuais foi levada a cabo pelo Governo Federal. E, como complemento, editou-se Medida Provisória, depois convertida na Lei nº 8.076/90, que proibia ao Judiciário conceder medidas liminares contra os atos praticados em decorrência do plano econômico, determinando, ainda, efeito suspensivo para os recursos contra as sentenças em mandados de segurança e ações cautelares. Em defesa da constitucionalidade desta citada Lei, diziam os defensores do plano que a "apreciação" pelo Judiciário não foi afastada, apenas não se poderia conceder liminares! Levado a sério tal entendimento, seria forçoso concluir que a Constituição asseguraria tão somente uma "apreciação contemplativa" pelo Judiciário: o juiz conheceria do caso, mas, com as mãos atadas, nada poderia fazer para solucionar o conflito...

Deve, então, esta garantia ser entendida no sentido de que nem a lei, nem fatos alheios à vontade do interessado, podem suprimir do Poder Judiciário a apreciação útil do conflito de interesses.

2.2.2. O devido processo legal

Exercida a ação, instaura-se o processo, que é o instrumento de que se serve o Estado para poder aplicar a jurisdição no caso concreto. Não há exercício da função jurisdicional sem a instauração de um processo.

Não basta, contudo, que o sistema jurídico garanta o direito de ação e assegure plenamente o seu exercício, se o processo a ser instaurado não for idôneo a permitir um julgamento com justiça, um julgamento que conceda o direito a quem o tem - e na proporção que o tem. E, mais, deve o processo permitir a adequada participação dos sujeitos envolvidos, a fim de que defendam seus interesses, exponham suas razões, como garantia, não só das partes, mas da sociedade, de que os julgamentos foram justos e de que o Direito foi bem aplicado ao caso concreto.

Daí dizer-se que o exercício do direito de ação não pode simplesmente levar a um processo qualquer, mas ao devido processo legal. Pela primeira vez, no Brasil, a expressão foi inserida entre as garantias constitucionais, na Carta de 1988, em seu art. 5º, inciso LIV: "ninguém será privado da liberdade ou de seus bens sem o devido processo legal". Anteriormente, porém, o princípio podia ser subentendido, a partir do conjunto de garantias constitucionais.

A cláusula "devido processo legal", originária do Direito medieval inglês - *due process of law* -, tem seus antecedentes na Magna Carta, outorgada por João Sem Terra, em 1215, pressionado por seus barões. Em seu art. 39, assegura aos homens livres o julgamento pelos seus pares, ou segundo as leis do país: *"No free man shall be taken, or imprisoned, or disseised, or outlawed, or exiled, or in any way destroyed, nor will go upon him, nor will we send upon him, except by the legal judgment of his peers or by the law of the land"*. A expressão *due process of law* é usada pela primeira vez no estatuto de 1354, jurado por Eduardo III, desta vez estendida a todos os súditos: *"None shall be condemned without trial. Also, that no Man, of what State or Condition that he be, shall be put out of the Land or Tenement, nor taken or imprisioned, nor disinherited, nor put to death, without being brought to Answer by Due process of law".*[21]

Como nos ensina Ada Pellegrini Grinover, a cláusula do devido processo legal "é uma proposição que oferece elementos em branco, cuja determinação varia com o variar das condições histórico-políticas e econômico-sociais do momento".[22]

O significado da cláusula, portanto, não é único, absoluto e imutável. Como conceito atual, podemos dizer que a cláusula determina que o processo tenha duas qualidades: seja *legal* e seja *devido*. De um lado, portanto, deve o processo ser *legal*, ou seja, previsto em lei. Trata-se de uma garantia de que a todos será aplicado o mesmo processo, o mesmo procedimento. Evita-se, com isto, que as partes fiquem sujeitas ao arbítrio do julgador na condução do processo. A previsão legal das normas processuais faz com que se saiba, de antemão, de que modo o processo será desenvolvido, uma vez instaurado, o que constitui, também, uma garantia de não ser surpreendido por entendimentos diversos que possa ter o juiz acerca do modo de desenvolver a relação processual. De outro lado, devemos ter o *devido* processo. Mesmo que previsto em lei, ainda assim não se deve admitir um processo qualquer, mas um processo que permita um julgamento justo, um processo orientado por uma série de valores fundamentais de uma sociedade democrática. A cláusula do *devido processo legal*, portanto, abarca uma série de outros princípios e garantias que devem orientar o processo.

2.2.3. Isonomia processual

O princípio da isonomia, aplicado ao processo, implica o tratamento igualitário que deve ser atribuído a ambas as partes, quaisquer que sejam as qualidades pessoais que detenham. O processo

---

[21] Ada Pellegrini Grinover, *As garantias constitucionais do direito de ação*, pp. 24-25.

[22] Id., ibid., p. 35.

deve fornecer a ambas as partes os mesmos meios, aptos a permitir a demonstração do direito que afirmam existir.

A isonomia, contudo, não é a mera igualdade formal, mas deve ser entendida como uma igualdade substancial. Deve-se buscar que as partes tenham, efetivamente, as mesmas oportunidades. As formas processuais são tão-somente instrumentos para se atingir um fim, e não um fim em si mesmas. A igualdade não se faz impondo *sempre* as mesmas formas; a igualdade processual consiste em permitir aos litigantes atingir o fim a que estas formas se destinam.

Assim, em nome da igualdade processual, devemos, em alguns casos, tratar as partes desigualmente do ponto de vista das formas processuais, mas sempre no sentido de que a finalidade a que estas formas se prestam seja igualmente atingida pelas partes.

Além da garantia geral da isonomia, contida no art. 5°, *caput*, da Constituição Federal - "todos são iguais perante a lei" -, seguida pelo preceito do inciso I, do mesmo artigo, há a promessa contida no inciso LXXIV: "o Estado prestará assistência jurídica integral e gratuita aos que comprovarem insuficiência de recursos". Tal norma tem por finalidade conferir uma igualdade substancial, tratando os desiguais desigualmente, na proporção de sua desigualdade.

2.2.4. Contraditório

O inciso LV, do art. 5°, da Constituição Federal de 1988, determina que "aos litigantes, em processo judicial ou administrativo, e aos acusados em geral, são assegurados o contraditório e ampla defesa, com os meios e recursos a ela inerentes".

O contraditório assegura a bilateralidade da relação processual. Assegura a participação dialética no processo. A ambas as partes deve ser assegurada a ciência de todos os atos processuais, aliada à possibilidade de manifestar-se acerca deles. Com isto, o processo se desenvolve como um debate de idéias, um confronto de fatos e argumentos, que, além de representar uma maneira de obter um julgamento formalmente justo, permite um maior acerto do julgador ao proferir uma decisão sobre temas que foram amplamente esmiuçados à sua frente, durante o desenvolvimento do processo. O exercício do contraditório faz com que as partes colaborem com o juiz, a fim de que este possa dar a solução mais justa e adequada ao conflito.[23]

Da mesma forma que não podemos nos contentar com uma garantia meramente formal do direito de ação, não nos satisfaz o contraditório meramente previsto entre as garantias, sem que se preocupe em fazê-lo atuar concretamente. Analogamente ao que dissemos acima, quanto ao exercício da ação, o pleno exercício do contraditório é faculdade concedida às partes, que podem, querendo, deixar de exercê-lo amplamente por si próprias. Há casos em que a inatividade das partes é suprida, na medida em que, em tais circunstâncias, o contraditório não é mera possibilidade, mas necessidade. Assim se faz no processo criminal, no qual o acusado será defendido mesmo que contra a sua vontade. Inexistindo o contraditório necessário, porém, não se pode assumir a postura formalista, pela qual, toda vez que uma parte deixe de se manifestar adequadamente, ou deixe de oferecer defesa, afirme-se que o fez por ato volitivo, por não querer manifestar-se.

Assim como há obstáculos a impedir o exercício da ação, para se estabelecer o contraditório regular também os encontramos. O processo verdadeiramente contraditório só será encontrado na medida em que se possa afirmar, sem dúvidas, que somente a vontade inequívoca e livre de influências outras seja motivo para a não participação efetiva da parte na relação processual.[24] Todos os obstáculos que se puserem a impedir o contraditório, portanto, devem ser removidos.

---

[23] Cândido Rangel Dinamarco, *O princípio do contraditório*.

[24] No dizer de Ada Pellegrini Grinover, o contraditório "há de ser pleno e efetivo, indicando a real participação das partes na relação jurídica processual". E, adiante, complementa: "plenitude e efetividade do contraditório indicam a necessidade de se utilizarem todos os meios necessários para evitar que a disparidade de posições no processo possa incidir sobre seu êxito, condicionando-o a uma distribuição desigual de forças". Ver "O conteúdo da garantia do contraditório", *in Novas Tendências do Direito Processual*.

3. O acesso à Justiça

Tema atual, que vem preocupando os estudiosos do Direito em geral, é o do *efetivo* acesso à Justiça. Como afirma Boaventura de Sousa Santos, "o tema do acesso à justiça é aquele que mais diretamente equaciona as relações entre o processo civil e a justiça social, entre igualdade jurídico-formal e desigualdade sócio-econômica"[25]. Formalmente, a Constituição e as leis infraconstitucionais concedem uma série de direitos e garantias aos jurisdicionados. Porém, uma análise mais detida da realidade demonstra que, apesar das garantias existentes no direito positivo, o acesso à justiça não é amplo.

Sobre o conceito de efetividade, podemos reafirmar que:

"A efetividade perfeita, no contexto de um dado direito substantivo, poderia ser expressa como a completa "igualdade de armas" - a garantia de que a conclusão final depende apenas dos méritos jurídicos relativos às partes antagônicas, sem relação com diferenças que sejam estranhas ao Direito e que, no entanto, afetam a afirmação e reivindicação dos direitos."[26]

Por acesso à justiça, assim, não se resume o mero ingresso em juízo. Outros fatores mais se fazem necessários, a fim de que, ingressando em juízo, do processo resulte uma solução justa para o conflito. Dando maior dimensão a esta garantia, conclui Kazuo Watanabe que:

"O direito de acesso à justiça é, fundamentalmente, direito de acesso à ordem jurídica justa; são dados elementares desse direito: 1) o direito à informação e perfeito conhecimento do direito substancial e à organização de pesquisa permanente a cargo de especialistas e orientada à aferição constante da adequação entre a ordem jurídica e a realidade sócio-econômica do País; 2) direito de acesso à justiça adequadamente organizada e formada por juízes inseridos na realidade social e comprometidos com o objetivo de realização da ordem jurídica justa; 3) direito à preordenação dos instrumentos

---

[25] Boaventura de Souza Santos, *Introdução à sociologia da administração da justiça.*

[26] Mauro Cappelletti e Bryant Garth, *Acesso à Justiça*, trad. de Ellen Gracie Northfleet, p. 15.

processuais capazes de promover a efetiva tutela de direitos; 4)
direito à remoção de todos os obstáculos que se anteponham ao
acesso efetivo à Justiça com tais características".[27]

3.1. Barreiras ao acesso à justiça

Inúmeros fatores materiais fazem com que, na prática, o acesso
à justiça não se verifique de maneira igual para todos, ou sequer haja,
de fato, o acesso de todos.

Não pode o jurista contentar-se com a mera existência das
garantias, no plano normativo, se a finalidade destas normas não é
alcançada. Assim, tendo a atenção voltada para a realização da justiça,
não se pode ignorar que as inúmeras garantias concedidas pelo
ordenamento muitas vezes não vão além do papel em que foram
escritas. Necessário se faz identificar as causas pelas quais as garantias
não se efetivam na prática, para, em seguida, buscar meios de
neutralizá-las.

Mauro Cappelletti e Bryant Garth identificam diversas das
barreiras que dificultam o acesso à justiça, agrupando-as sob três
rubricas: *a)* as custas judiciais; *b)* as possibilidades das partes; e *c)* os
problemas relacionados com os interesses difusos[28].

O problema das custas judiciais se destaca nas causas de
pequeno valor, pela desproporção que gera entre o bem da vida
pleiteado e as despesas com o processo. Em casos tais, não se mostra
financeiramente viável, para qualquer pessoa, rica ou pobre, pleitear
em juízo o pretendido direito, na medida em que os gastos com
advogados e com o pagamento das custas processuais, se não superam,
em muito se aproximam do valor econômico do objeto litigioso. Desta
forma, o ingresso em juízo não é compensatório.

A dificuldade de proteção a interesses difusos ou coletivos
aparece como outra barreira. O Direito tradicionalmente oferecia
proteção apenas para interesses individuais, sendo que só muito

---

[27] Kazuo Watanabe, "Acesso à justiça e sociedade moderna", *in Encontro Participação e Processo.*

[28] Mauro Cappelletti e Bryant Garth, ob. cit.

recentemente outros tipos de interesses puderam ser tutelados. Além disso, pela própria natureza destes interesses, a sua tutela fica dificultada: quem, além de ter legitimidade para pleitear a defesa de tais interesses, efetivamente viria a juízo para tanto?

Por último, porém mais intimamente relacionada com o objeto deste estudo, mencionamos a diferença de possibilidades entre as partes como mais um fator inibidor do acesso à justiça. Entre tais diferenças existentes entre as partes, apontamos, em especial a falta de recursos e a falta de informação.[29]

Apesar da Justiça ser, no plano legal, acessível a todos aqueles que a ela se dirijam, o ingresso em juízo é custoso. E a realidade demonstra que não são todos os que podem arcar com os custos de uma demanda judicial, incluindo-se os gastos com o processo e os honorários de advogado. Para amplas camadas da população, a idéia de litigar em juízo, consultar um advogado, aparece como algo inatingível, como um privilégio desfrutado tão-somente por quem possa pagar pelo serviço.

Além disso, como a falta de recursos vem, muitas vezes, acompanhada da falta de informação, o acesso à justiça é obstado até mesmo pelo fato do pobre desconhecer que tenha direitos a pleitear, ou que possa ter sucesso na tarefa de lutar por seus direitos. As barreiras culturais são, na verdade, mais difíceis de serem vencidas do que as barreiras econômicas. Estas podem ser afastadas isentando-se o carente das despesas com o processo e fornecendo-lhe gratuitamente um advogado para patrocinar seus interesses. As barreiras culturais só serão afastadas de fato na medida em que o nível sociocultural da população evoluir. Ou seja, enquanto a falta de recursos pode ser suprida por recursos do Estado, o problema da falta de cultura não é sanado pelo fato do pobre ter alguém com conhecimentos para atuar a seu lado. É necessário que o próprio pobre tenha seus próprios conhecimentos, que vão desde uma formação primária básica - a que a população brasileira como um todo não tem acesso efetivo -, até

---

[29]   Mauro Cappelletti e Bryant Garth, ob. cit. Além destas diferenças, os autores apontam ainda as diferenças entre litigantes eventuais e litigantes habituais.

algumas noções mínimas de Direito, que lhe permitam identificar os seus direitos.

Não vencida esta barreira, por melhor que seja o serviço de assistência jurídica, será este ineficaz, pois o pobre ou não irá até ele, por não identificar que tem direitos a defender, ou chegará diante do advogado sem chances favoráveis, após ter-se envolvido com problemas de difícil, ou impossível, solução. A falta de cultura chega a ser a própria causa de alguns problemas jurídicos, ou leva o pobre a envolver-se em conflitos, assumindo posição desfavorável.

Em primeiro lugar, tratando da dificuldade de identificar a existência de um direito, a experiência no atendimento à população carente junto ao Departamento Jurídico do Centro Acadêmico XI de Agosto nos demonstrou que, normalmente, para ser autor, o carente tem de, primeiramente, ser réu. Citado para uma ação, o assistido se dirige ao órgão prestador da assistência, o que jamais faria, não fosse ele réu. E, ao contar sua versão dos fatos, acaba contando tudo o que lhe aflige, tenha ou não relação com a causa. E de sua narrativa outros problemas jurídicos são identificados. Sem pretender generalizar, fica a constatação de que o carente suporta calado lesões aos seus direitos no dia-a-dia, somente buscando o auxílio do órgão prestador de assistência jurídica quando atinge uma situação limite, mais grave, intransponível. Somente quando há lesões maiores o carente percebe-se injustiçado, procurando auxílio jurídico. Ou, quando é citado, advertido de que deve oferecer defesa, acaba "descobrindo" que tem direito a um advogado gratuito (em muitas vezes, o próprio Oficial de Justiça indica ao citando carente onde obter auxílio jurídico, escrevendo à mão o endereço do XI de Agosto no mandado). As lesões menores são encaradas com naturalidade, como se fizessem parte inseparável e inevitável de sua vida.

Além de não identificar a existência de um direito outros problemas causados pelo desconhecimento do Direito, em um grau mínimo que seja, podem ser citados, entre os quais destacamos alguns, a seguir:

a) O pobre - e, neste caso, muitas vezes também o mais privilegiado economicamente -, não entende a legislação sobre a propriedade imobiliária, nem distingue os cartórios extrajudiciais. É freqüente a "compra" de imóveis - em alguns casos chega até a transparecer a má-fé do "vendedor" - mediante instrumento particular registrado no Cartório de Títulos e Documentos. Para o pobre, os inúmeros carimbos que se apõem no documento dão um caráter "solene", "oficial", à aquisição; muitas das vezes, porém, sequer posse justa estão adquirindo.

b) Problemas com o registro civil também são freqüentes. Pelas mais variadas razões, registram os filhos não em nome dos verdadeiros genitores, mas como sendo filho de um deles e do cônjuge anterior, de quem está separado apenas de fato. Bem mais tarde, somente, via de regra quando pleiteiam benefícios previdenciários, o registro precisa ser corrigido. Com o término da distinção entre filhos legítimos e ilegítimos, espera-se que o problema cesse.

c) Impressiona bastante o quanto a população mais pobre está sujeita à auto-tutela da parte contrária. Quando não pelo uso da força - que mesmo à pessoa mais simples, causa sensação de injustiça -, mediante emprego dos mais diversos ardis - hipótese em que o pobre não percebe a violação de seus direitos. Notificações extra-judiciais, com termos ameaçadores, valem como se fossem ordens, que o carente cumpre. Desconhecer que têm direito a um processo, que têm direito de defesa, os faz frágeis diante do oponente.[30]

---

[30] Recordo, em especial, o atendimento a uma pessoa que havia sido citada para uma ação de despejo. Contando com pouco tempo para elaborar a defesa - o prazo para defesa estava por expirar -, li a inicial com cuidado, fiz as perguntas necessárias, de forma direta e objetiva, e das respostas do assistido obtive os elementos suficientes para elaborar a defesa. Preenchi um instrumento de procuração, e pedi ao cliente que o assinasse. Surpreendentemente, o cliente lê a procuração e me diz não ser aquele o seu endereço. Mas como? Era o endereço do imóvel locado! "Me mudei ontem", afirmou com simplicidade. Não fazia sentido. Por que, então, teria vindo até o XI de Agosto? "Porque o senhor que me entregou esse papel (o mandado de citação) mandou que eu viesse aqui!", esclareceu. O pobre homem havia entendido tudo errado: ao que parece, o Oficial de Justiça, verificando tratar-se de pessoa pobre, indicou-lhe o nosso endereço, escrevendo-o no mandado, ao mesmo tempo em que fez a citação e as advertências de praxe, acerca do prazo para defesa, etc.. O réu entendeu que recebia uma ordem para desocupar o imóvel no prazo de quinze dias, e depois disso deveria comparecer no endereço indicado - o do XI de Agosto. E cumpriu, sem questionar. Estava, é verdade, um tanto mal humorado durante o atendimento, mas, do seu ponto de vista, com razão: não bastava ter que desocupar

3.2. Os mecanismos de acesso à justiça

Como solução para estas barreiras ao acesso à justiça, a legislação brasileira atual prevê alguns instrumentos.

Para fazer frente ao primeiro dos fatores apontados acima - o acesso para causas de pequeno valor - foi criado o Juizado Especial de Pequenas Causas, mediante a Lei nº 7.244/84. Para a defesa em juízo de interesses difusos, a Lei nº 7.347/85 instituiu a ação civil pública. Mais recentemente, o Código do Consumidor - Lei nº 8.078/90 - prevê mecanismos para a proteção judicial dos interesses difusos e coletivos dos consumidores. E, na terceira frente, para evitar que a falta de recursos impeça o acesso à Justiça, deve o Estado oferecer os serviços de assistência jurídica integral e gratuita (CF, art. 5º, inciso LXXIV), bem como permitir o ingresso gratuito em juízo aos carentes de recursos (regulado, em especial, na Lei nº 1.060/50).

Sobre este terceiro "mecanismo" buscamos desenvolver a presente obra. Embora o façamos apenas de passagem, não podemos deixar de mencionar o problema do acesso à Justiça, como um todo, e as formas de solução hoje em voga. Ocorre que os institutos objeto desta obra - a Assistência Jurídica, a Assistência Judiciária e a Justiça Gratuita - são capítulos situados dentro de um tema mais amplo que é o Acesso à Justiça.

Além disso, é interessante notar que há uma íntima relação entre os fatores inibidores do acesso à Justiça. Na sociedade, estes fatores não aparecem isolados em compartimentos estanques, mas muitas vezes estão conjugados. Assim, se as causas de pequeno valor não são exclusivas de pessoas carentes, a notável maioria das causas destas pessoas são de pouca expressão econômica. Entre os consumidores, os mais frágeis são os carentes de recursos, que não dispõem de poder de barganha, têm menor acesso à informação, e, portanto, estão mais sujeitos a serem lesados por práticas abusivas.

Disto decorre que os mecanismos utilizados para neutralizar estes fatores inibidores podem ser considerados como "sucedâneos": a

---

o imóvel às pressas, ainda teve que perder um dia de trabalho para comparecer no tal endereço, sem saber para que, e aguardar sua vez até ser finalmente atendido...

demanda por um destes mecanismos pode ser diminuída mediante a utilização de outro. Analisando o fenômeno do ponto de vista da assistência jurídica, temos que a defesa coletiva de interesses do consumidor pode evitar inúmeras causas individuais - por exemplo, ao buscar retirar um produto do mercado, afastar práticas lesivas ou proibir propagandas enganosas, previne-se a ocorrência de futuros conflitos - e muitos destes conflitos envolveriam pessoas sem recursos, cujo acesso à justiça ficaria na dependência dos serviços de assistência jurídica, que foram, por assim dizer, "economizados". Da mesma forma, nos Juizados de Pequenas Causas, ainda que a defesa técnica e a orientação jurídica não sejam dispensadas, a maior simplicidade do procedimento permite que o órgão prestador de assistência judiciária "produza" mais com menor esforço e, conseqüentemente, o atendimento pode ser ampliado.

Por tais razões, vemos a importância de conjugarem-se todos os mecanismos tendentes a permitir o acesso à justiça, como garantia de que os princípios constitucionais serão atingidos. Dentre estes mecanismos, trataremos da Assistência Jurídica, de seu conteúdo, sua extensão, seus beneficiários, dentre outros aspectos processuais, no Capítulo IV desta obra.

Capítulo IV - Assistência Jurídica, Assistência Judiciária e Justiça Gratuita

1. Conceitos

Os conceitos de justiça gratuita e de assistência judiciária são comumente utilizados como sinônimos, sem que, na verdade, o sejam. Como bem anota José Roberto de Castro,[31] o equívoco tem origem nos próprios textos legislativos, que empregam as duas expressões indistintamente, como se tivessem o mesmo significado. A Lei nº 1060/50 utiliza diversas vezes a expressão *assistência judiciária* ao referir-se, na verdade, à justiça gratuita. Assim, temos o art. 3º, que afirma que "a assistência judiciária compreende as seguintes isenções: (...)". Diz o art. 4º que "a parte gozará dos benefícios da assistência judiciária, mediante simples afirmação, na própria petição inicial, de que não está em condições de pagar as custas do processo e os honorários de advogado, sem prejuízo próprio ou de sua família". O § 2º do mesmo artigo, por sua vez, diz que "a impugnação do direito à assistência judiciária não suspende o curso do processo e será feita em autos apartados". O art. 6º determina que "o pedido, quando formulado no curso da ação, não a suspenderá, podendo o juiz, em face das provas, conceder ou denegar de plano o benefício da assistência". Igualmente equivocado, o art. 7º reza que "a parte contrária poderá, em qualquer fase da lide, requerer a revogação dos benefícios de assistência, desde que prove a inexistência ou o desaparecimento dos requisitos essenciais à sua concessão". E, ainda, o art. 9º: "os benefícios da assistência judiciária compreendem todos os atos do processo até

---

[31] José Roberto de Castro, *Manual de Assistência Judiciária*, p. 25. Pontes de Miranda, no mesmo sentido, afirma que: "O benefício da justiça gratuita é direito à dispensa provisória de despesas, exercível em relação jurídica processual. É instituto de direito pré-processual. A assistência judiciária é a organização estatal, ou paraestatal, que tem por fim, ao lado da dispensa provisória das despesas, a indicação de advogado. É instituto de direito administrativo." Ver *Comentários à Constituição de 1967.*

decisão final do litígio, em todas as instâncias". Em todos estes dispositivos legais, *assistência judiciária* aparece no sentido de justiça gratuita.

De outro lado, encontramos a expressão *assistência judiciária* em seu sentido correto apenas no art. 1°,[32] nos §§ 1°[33] e 2°[34], do art. 5°, e no art. 16, parágrafo único.[35] E, por figura de linguagem, os arts. 14, §1°,[36] e 18,[37] utilizam a expressão assistência, que é o serviço, para designar o prestador do serviço.

A Constituição Federal de 1988, em seu art. 5°, inciso LXXIV, inclui entre os direitos e garantias individuais a *assistência jurídica integral e gratuita*. Utiliza a Lei Maior um terceiro conceito, que também não deve ser confundido como sinônimo de assistência judiciária ou justiça gratuita.

Por justiça gratuita, deve ser entendida a gratuidade de todas as custas e despesas, judiciais ou não, relativas a atos necessários ao desenvolvimento do processo e à defesa dos direitos do beneficiário em juízo. O benefício de justiça gratuita compreende a isenção de toda e qualquer despesa necessária ao pleno exercício dos direitos e das faculdades processuais, sejam tais despesas judiciais ou não. Abrange, assim, não somente as custas relativas aos atos processuais a serem

---

[32] Art. 1°: "Os poderes púbicos, federal e estadual, concederão assistência judiciária aos necessitados nos termos da presente lei".

[33] Art. 5°, §1°: "Deferido o pedido, o juiz determinará que o serviço de assistência judiciária, organizado e mantido pelo Estado, onde houver, indique, no prazo de dois dias úteis, o advogado que patrocinará a causa do necessitado".

[34] Art. 5°, §2°: "Se no Estado não houver serviço de assistência judiciária, por ele mantido, caberá a indicação à Ordem dos Advogados, por suas seções estaduais, ou subseções municipais".

[35] Art. 16, §único: "O instrumento de mandato não será exigido, quando a parte for representada em juízo por advogado integrante de entidade de direito público incumbido, na forma da lei, de prestação de assistência judiciária gratuita, (...)".

[36] Art. 14, §1°: "Na falta de indicação pela assistência ou pela própria parte, o juiz solicitará a do órgão de classe respectivo"

[37] Art. 18: "Os acadêmicos de direito, a partir da 4ª série, poderão ser indicados pela assistência judiciária, ou nomeados pelo juiz para auxiliar o patrocínio das causas dos necessitados, ficando sujeitos às mesmas obrigações impostas por esta lei aos advogados".

praticados como também todas as despesas decorrentes da efetiva participação na relação processual.

A assistência judiciária envolve o patrocínio gratuito da causa por advogado. A assistência judiciária é, pois, um serviço público organizado, consistente na defesa em juízo do assistido, que deve ser oferecido pelo Estado, mas que pode ser desempenhado por entidades não estatais, conveniadas ou não com o Poder Público. Ou, por figura de linguagem, costuma-se chamar de assistência judiciária o agente que presta este serviço. É importante acrescentar que, por assistência judiciária, neste último significado, não devemos entender apenas o órgão oficial, estatal, mas todo agente que tenha por finalidade principal a prestação do serviço, ou que o faça com freqüência, por determinação judicial ou mediante convênio com o Poder Público. Assim, são prestadores de assistência judiciária tanto a Defensoria Pública e, no Estado de São Paulo, a Procuradoria de Assistência Judiciária, como as entidades não estatais que desempenham este serviço como sua finalidade principal. Até mesmo advogados que isoladamente, mas por determinação judicial ou convênio com o Estado, desempenham o serviço com freqüência podem ser considerados prestadores de assistência judiciária. Não seria correto chamar-se de prestador de assistência judiciária, porém, o advogado ou escritório de advocacia que, eventualmente, ainda que mais de uma vez, atendesse gratuitamente a alguém.

O serviço de assistência judiciária, para ser entendido como tal, deve ainda ser acessível a toda a comunidade, ou seja, deve poder ser utilizado por pessoas indeterminadas. Assim, também não é de ser considerado serviço de assistência judiciária o patrocínio gratuito da causa colocado à disposição de pessoas determinadas. A prestação de serviços a um grupo restrito e individuado pressupõe a existência de algum vínculo entre os que desempenham o serviço e os que dele usufruem, e tal relação pode assumir características ou de um seguro em grupo ou de uma remuneração indireta em forma de benefício. E tal atividade não deve ser confundida com a assistência judiciária, que é um serviço público.

Deve ficar claro, portanto, que há uma clara distinção entre as relações assistido/prestador de assistência judiciária e cliente/advogado. Na primeira, diversamente do que ocorre com a segunda, não há mútua escolha: o assistido não escolheu seu patrono, mas dirigiu-se ao órgão prestador de assistência judiciária porque presta este um serviço gratuito; o órgão prestador, por sua vez, atenderá o carente porque é sua função, diversamente do advogado privado, que atende o cliente de acordo com sua vontade, manifestada no contrato de prestação de serviços que firma com ele.

Assim, é lícito afirmar que a questão que é trazida ao juiz se refere à concessão da justiça gratuita, não da assistência judiciária. Embora possa o magistrado determinar aos órgãos prestadores do serviço que seja indicado advogado para patrocinar a parte carente, a inversa não é verdadeira: não tem o juiz poder para indeferir a assistência judiciária, ou seja, proibir o patrocínio gratuito pelo agente prestador do serviço. A questão a ser decidida pelo juiz, portanto, diz respeito tão-somente à concessão dos benefícios da justiça gratuita. Assim, em razão de diferentes entendimentos quanto ao que seja a condição de beneficiário, é possível ocorrer a concessão de assistência judiciária e o indeferimento da justiça gratuita. Isto se dará, anomalamente, na medida em que a parte seja tida como pobre pelo agente prestador de assistência judiciária, sendo por ele defendida, mas lhe seja negada a gratuidade pelo juiz, por não entender preenchidos os requisitos para a concessão do benefício. Trata-se de exemplo patológico, embora eventualmente ocorra na prática, pois, a rigor, o conceito de pobreza que dá acesso aos benefícios da justiça gratuita, da assistência judiciária e da assistência jurídica é o mesmo. O exemplo é útil, porém, para demonstrar a perfeita distinção entre os benefícios da justiça gratuita e da assistência judiciária. A hipótese inversa também é verdadeira: a parte, embora tenha o direito à assistência judiciária, pode optar por ser defendida por advogado que aceite o encargo, gratuitamente, ou mesmo que seja contratado, pagando seus honorários a final, com o que vier a receber mediante o processo, sem que isto implique na perda do direito à gratuidade processual, que poderá ser pedida e deverá ser-lhe concedida pelo juiz.[38]

---

38 Admitindo a concessão da gratuidade, embora ingressando com advogado

Por sua vez, a assistência jurídica engloba a assistência judiciária, sendo ainda mais ampla que esta, por envolver também serviços jurídicos não-relacionados ao processo, tais como orientações individuais ou coletivas, o esclarecimento de dúvidas, e mesmo um programa de informação a toda a comunidade.

Estes são os conceitos mais adequados para assistência jurídica, assistência judiciária e justiça gratuita. A palavra *assistência* tem o sentido de auxílio, ajuda. *Assistir* significa auxiliar, acompanhar, estar presente. *Assistência* nos traz a idéia de uma atividade que está sendo desempenhada, de uma prestação positiva. E, neste sentido, por assistência judiciária deve ser entendida a atividade de patrocínio da causa, em juízo, por profissional habilitado. A gratuidade processual é uma concessão do Estado, mediante a qual este *deixa de exigir* o recolhimento das custas e despesas, tanto as que lhe são devidas como as que constituem crédito de terceiros. A isenção de custas não pode ser incluída no conceito de *assistência*, pois não há a prestação de um serviço, nem desempenho de qualquer atividade; trata-se de uma postura passiva assumida pelo Estado.

Portanto, a gratuidade processual não se confunde com a assistência judiciária, nem é espécie da qual esta é gênero. São benefícios perfeitamente distintos a que fazem jus as pessoas carentes de recursos. A assistência jurídica, mais ampla, é um benefício que compreende tanto a assistência judiciária como a prestação de outros serviços jurídicos extrajudiciais.

Devido a certa confusão que se faz nos textos legislativos, acerca destes conceitos, pode-se afirmar que o legislador constituinte quis incluir a justiça gratuita no conceito de assistência jurídica integral e gratuita, tal qual, na Constituição anterior, a gratuidade processual podia ser extraída da garantia à assistência judiciária, prevista no art. 153, § 32. De qualquer modo, mesmo adotando os conceitos acima expostos na interpretação do texto constitucional, a garantia da gratuidade processual não fica à margem de proteção, pois é nítido aspecto do princípio da isonomia. Pois, se todos são iguais perante a lei, e, por conseqüência, perante o processo, devem ter as mesmas

---

particular: *RJTJ-SP* , vol. 100, p. 318, vol. 101, p. 276 e vol. 119, p. 307.

oportunidades, independentemente de poder ou não pagar pela prestação da atividade jurisdicional.

A distinção entre os conceitos não é mera questão acadêmica, podendo ter repercussão prática no dia-a-dia forense. Um exemplo, que bem demonstra os problemas que o entendimento equivocado destes conceitos pode trazer, ocorreu com certa freqüência logo após a entrada em vigor da atual Constituição. É que o art. 5°, inciso LXXIV, da Constituição dispõe que "o Estado prestará assistência jurídica integral e gratuita aos que *comprovarem* insuficiência de recursos". Não foram poucos os que entenderam que a citada regra constitucional não teria recepcionado o art. 4° da Lei n° 1060/50, mediante o qual basta afirmar na petição inicial a condição de pobreza. E, assim, alguns juízes chegaram a indeferir a concessão da justiça gratuita, sob o fundamento de não estar provada nos autos a condição de necessitado.

Conhecendo-se a distinção entre os três conceitos, a solução adequada para o problema é clara e acabou prevalecendo. A norma constitucional impôs ao Estado dever muito mais abrangente do que a concessão da gratuidade processual. E, para que o necessitado tenha à sua disposição o serviço de assistência jurídica integral, podem os órgãos prestadores exigir a comprovação da condição de insuficiência de recursos. Como dissemos acima, não é este o benefício cuja concessão depende da decisão do juiz. Para a concessão da justiça gratuita, continua prevalecendo a regra do art. 4°, da Lei n° 1060/50.

A análise da nossa atual Constituição e do contexto político em que foi criada nos leva à mesma interpretação. A Carta de 1988 tem a clara intenção de ampliar os direitos individuais e sociais como um todo. A inserção no texto constitucional do princípio contido no art. 5°, inciso LXXIV, por sua vez, teve a intenção de proporcionar um acesso mais efetivo do necessitado à Justiça, e não de restringir um direito que a lei ordinária já lhe conferia.

Além disso, é interessante ressaltar que a Constituição do Estado de São Paulo abrandou os rigores da Lei Maior, ao determinar, no art. 3°, que "o Estado prestará assistência jurídica integral e gratuita aos que declararem insuficiência de recursos".

2. O Benefício compreendido pela Justiça Gratuita

Conforme dissemos acima, o benefício de justiça gratuita compreende a isenção de toda e qualquer despesa necessária ao pleno exercício dos direitos e das faculdades processuais, sejam tais despesas judiciais ou não. Nenhuma despesa pode ser excluída, por mais especial que seja, pois isto implicaria a negativa da garantia constitucional da isonomia, do direito de ação e do contraditório. E, por despesa, estamos nos referindo não somente às custas referentes aos atos processuais, mas a todo gasto que a parte tenha de fazer para atuar no processo.[39]

Não é necessária para que se considere isento do pagamento de determinada verba, a previsão expressa em lei ordinária, pois o princípio constitucional do art. 5°, inciso LXXIV, no sentido em que o constituinte o empregou, é bastante para isentar de todas as verbas, principalmente se interpretado em conjunto com outros princípios constitucionais.

Assim, qualquer menção em lei acerca das isenções compreendidas pela gratuidade só pode ser interpretada como sendo uma enumeração exemplificativa, jamais taxativa. Esta é, pois, a interpretação que deve ser dada ao art. 3° da Lei n° 1060/50. É de se acrescentar que o art. 9° da mesma Lei dispõe que "os benefícios da assistência judiciária compreendem todos os atos do processo até decisão final do litígio, em todas as instâncias", o que é mais um argumento a confirmar este nosso entendimento.

A rigor, nada mais seria necessário dizer acerca da abrangência do benefício da justiça gratuita, pois o *tudo* dispensa especificação. Todavia, nos deteremos a seguir, sem pretender exaurir todas as possibilidades, com as isenções compreendidas pela gratuidade, por duas razões: em primeiro lugar, as isenções são entendidas de modos diversos, havendo grande controvérsia jurisprudencial acerca de algumas delas; em segundo lugar, algumas soluções técnicas e procedimentais necessitam de maiores considerações.

---

[39] Em *RJTJ-SP*, vol. 129, p. 314, foi determinada a concessão de transporte às partes beneficiárias da gratuidade, para que se deslocassem da cidade de São Carlos para a Capital, a fim de se submeterem a perícia médica no IMESC.

Segundo o Código de Processo Civil, as custas devem ser antecipadas pela parte que requer o ato processual, sendo pagas a final pelo vencido, imposição denominada pela doutrina de ônus da sucumbência. Analisaremos a seguir as conseqüências da concessão da justiça gratuita em relação a estes dois momentos: o momento da antecipação das despesas e o momento do pagamento das verbas decorrentes da sucumbência.[40]

2.1. Das despesas antecipadas pela parte

O art. 19 do Código de Processo Civil determina que "cabe às partes prover as despesas dos atos que realizam ou requerem no processo, antecipando-lhes o pagamento". E, nos termos do § 2º deste mesmo artigo, "compete ao autor adiantar as despesas relativas a atos, cuja realização o juiz determinar de ofício ou a requerimento do Ministério Público".

Litigando no processo alguém a quem foi conferido o benefício da gratuidade processual, está este sujeito dispensado de antecipar toda e qualquer despesa que, segundo as regras processuais, deveriam ser por ele adiantadas. O próprio art. 19 do Código faz a ressalva. À parte contrária não beneficiária da gratuidade, porém, remanesce a obrigação de adiantar as despesas que lhe cabem, conforme o caso.

Em algumas hipóteses, encontramos regras expressas que isentam o beneficiário do pagamento de determinada verba. Todavia, a isenção de todas as despesas, em última análise, não depende de estar expressa em lei. As isenções são inerentes ao próprio benefício da gratuidade, que é um direito constitucionalmente assegurado ao carente de recursos, além de ser um desdobramento inevitável dos princípios constitucionais da isonomia, do devido processo legal, do contraditório e da inafastabilidade do controle jurisdicional.

---

[40] Liebman faz a distinção entre estes dois pagamentos, conceituando-os, respectivamente, como ônus e obrigação: fala, assim, em "ônus de antecipação das despesas" e "obrigação de reembolso das despesas". Ver *Manual de Direito Processual Civil*, trad. C. R. Dinamarco.

À lei cabe apenas regular a forma, o procedimento necessário à concessão e impugnação do benefício, e não determinar o que esteja ou não incluído no benefício da gratuidade.

2.1.1. Das custas devidas ao Estado

A mais evidente dispensa é aquela referente ao pagamento da taxa judiciária. O Estado é o principal obrigado pela concessão da gratuidade processual, daí ser-lhe vedado exigir do carente de recursos quaisquer custas que sejam recolhidas aos cofres públicos.

Neste item, estão compreendidas todas as custas recolhidas ao Estado, sejam iniciais, sejam referentes ao preparo de recursos, ou à prática de qualquer ato processual que, pelo sistema, implique a exigência da taxa judiciária.

2.1.2. Da taxa de juntada de instrumento de mandato

No Estado de São Paulo, a Lei Estadual n° 10.394/70 reorganizou a Carteira de Previdência do Advogado e instituiu como fonte de recursos, entre outras, o recolhimento de uma contribuição de 1,5% do salário mínimo, por mandante, quando da juntada de instrumento de mandato aos autos, conforme o art. 48 da mesma Lei. A própria Lei, entretanto, em seu art. 49, dispensa o beneficiário de justiça gratuita do recolhimento de tal verba, determinando, ainda, que, caso o beneficiário seja vencedor, deverá a parte contrária recolher a contribuição, a final.

2.1.3. Da diligência do Oficial de Justiça

Para a realização de ato que demande deslocamento do Oficial de Justiça, devem as partes recolher valor correspondente às despesas com o deslocamento deste serventuário, que são a ele reembolsadas. De acordo com o art. 3°, inciso III, da Lei n° 1.060/50, o beneficiário está isento de pagar as custas devidas aos serventuários da Justiça. Portanto, está o beneficiário da gratuidade dispensado do pagamento de tal verba.[41]

Se é certo que ao serventuário, como funcionário público que é, não pode ser exigido que cumpra as determinações judiciais às suas expensas, nem por isso deve o carente arcar com tais despesas. Ao Estado cumpre manter um sistema de caixa quanto a tais verbas, que permita reembolsar as despesas feitas pelo serventuário quando a parte for beneficiária, sem que esta tenha de suportar a antecipação das mesmas.

2.1.4. Das despesas postais e envio de precatórias

Alguns atos processuais podem ser realizados via postal, como a citação, nos casos admitidos na lei. Qualquer despesa postal necessária para a prática de tal ato está também compreendida no benefício da gratuidade. Neste caso, o próprio serviço de correios deverá fazê-lo gratuitamente.

A remessa de cartas precatórias, seja pelo correio, ou por serviço que seja mantido pelo próprio Poder Judiciário, também deve ser gratuita.[42]

2.1.5. Da caução para propositura de ação rescisória

Verba de dispensa controvertida é a caução de 5% do valor da causa, cujo recolhimento é requisito essencial para a propositura da ação rescisória,[43] conforme determina o art. 488, inciso II, do Código de Processo Civil, implicando o indeferimento da inicial a não-observância do preceito, de acordo com o art. 490, inciso II.

---

[41] Neste sentido, *RJTJ-SP*, vol. 90, p. 368 e *RT*, vol. 555, p. 168, vol. 557, p. 159, vol. 560, p. 161, vol. 560, p. 162 e vol. 596, p. 103.

[42] Determinando a remessa da precatória pelo Cartório, independentemente de qualquer despesa, *RTTJ-SP*, vol. 95, p. 273.

[43] Favoravelmente à isenção: *RJTJ-SP*, vol. 98, p. 394 e vol. 102, p. 375, *RT*, vol. 546, p. 157 e vol. 584, p. 150. Contra: *RT*, vol. 602, p. 144 e vol. 619, p. 142.

Evidentemente, tal verba não se encaixa no conceito de custa processual. De acordo com a lei processual, tal verba reverterá para o réu, em caso de ser julgada inadmissível ou improcedente a rescisória, por unanimidade de votos. Na verdade, é como se a lei determinasse uma multa, a ser paga nestes casos, a final, ao réu, sendo o depósito prévio uma garantia de que tal multa será solvida.

Embora não possa ser considerada como custa processual, é forçoso reconhecer que o exercício do direito de ação, neste caso, está condicionado ao depósito, de modo que exigi-lo do hipossuficiente equivaleria a negar-lhe o direito de propor a ação rescisória, o que é inadmissível.

Nem se pode aceitar, em contrário, o argumento de que a ação rescisória é via excepcional, que deve ter sua proliferação desestimulada, sendo o depósito necessário para dissuadir a lide temerária. Excepcional ou não, é uma via permitida pelo ordenamento, e deve sê-lo a todos, possam ou não arcar com o valor do depósito. De outro lado, a finalidade de dissuadir a parte de ingressar com a rescisória não pode levar ao impedimento absoluto de propô-la, que é o que teremos se exigirmos tal caução do beneficiário.[44]

Assim, conforme dissemos acima, o benefício da gratuidade compreende a isenção de toda e qualquer despesa necessária ao pleno exercício dos direitos e das faculdades processuais. Se, para exercer o direito de ação, no caso da ação rescisória, há a necessidade de um depósito, tal depósito não é exigível do carente de recursos.

---

[44] Assim entendeu o Tribunal de Justiça de São Paulo, em acórdão relatado pelo Des. Cândido Rangel Dinamarco: "Da conjugação das garantias constitucionais da isonomia, inafastabilidade do controle jurisdicional e Justiça gratuita, resulta que o depósito preliminar para a propositura da ação rescisória não é exigível dos beneficiários de assistência judiciária" (*RJTJ-SP*, vol. 102, p. 375).

Na doutrina, encontramos posições favoráveis à nossa, nas lições de José Carlos Barbosa Moreira,[45] Calmon de Passos[46] e Vicente Greco Filho.[47]

2.1.6. Das despesas com perícias e com tradução de documentos

Outra verba compreendida na isenção é a honorária de peritos.

Ora, sendo a perícia necessária para o processo, e requerendo a parte tal meio de prova, não se pode condicionar sua realização ao pagamento de despesas e honorários do perito. Tal exigência levaria a impossibilitar o carente de recursos de produzir tal meio de prova, cerceando-lhe o direito de provar suas alegações e de fazer valer, por meio do processo, o direito que alega ter. O prejuízo ao contraditório, neste caso, se mostra evidente. Há farta jurisprudência isentando o beneficiário da gratuidade tanto dos honorários do perito como das despesas que se fizerem necessárias para a realização da prova técnica.[48]

---

[45] "Posto que não se enquadre na enumeração do art. 3º da Lei nº 1.060, de 5.2.1950, o depósito é inexigível de quem faça jus ao benefício da justiça gratuita. Entender o contrário seria tolher aos necessitados o exercício da ação rescisória...". (José Carlos Barbosa Moreira, *Comentários ao CPC*, vol. V, p.171).

[46] "...esse depósito não pode ser exigido dos que, gozando do benefício da justiça gratuita, tenham sido dispensados do pagamento das despesas judiciais. Nossa conclusão assenta em quanto dispõem os arts. 19 e 35 do Código. As sanções processuais de caráter pecuniário são contadas como custas e do pagamento de custas está isento o litigante miserável no sentido da lei. O que cumpre aos tribunais é não deferir o benefício a quem dele não o carecer realmente, nem deferir inicial de rescisória que seja inadmissível. Mas será decidir contra o direito impedir a rescisória do litigante pobre, exigindo-se dele o que não poderia efetivar sem o sacrifício de sua manutenção e de sua família" (J. J. Calmon de Passos, *Comentários ao CPC*, vol. III, p. 430).

[47] "Não se exige o depósito prévio para as ações propostas pela União, Estados e Municípios, pelo Ministério Público e também dos beneficiários da justiça gratuita, os quais não poderiam ficar impedidos de utilizar tal meio processual por falta de recursos financeiros" (Vicente Greco Filho, *Direito Processual Civil Brasileiro*, vol. 2, p. 380).

[48] *RSTJ*, vol. 37, p.484, vol. 57, p. 275; *RJTJ-SP*, vol. 83, p. 218, vol. 114, p. 322, vol. 114, p. 340, vol. 125, p. 296, vol. 128, p. 323 e vol. 129, p. 314; *RT*, vol. 536, p. 102, vol. 562, p. 98, vol. 571, p. 80, vol. 575, p. 135 e vol. 635, p. 205; *RJTAC-SP*, vol. 102, p. 26, vol. 124, p. 259 e vol. 127, p. 115. Contra a isenção das

Por princípio, entendemos que todos, sem exceção, têm o dever de colaborar com a Justiça. Neste sentido, como regras expressas, temos a obrigatoriedade de comparecimento das testemunhas, bem como a obrigatoriedade de exibição de documento por terceiro. Ao advogado, a lei impõe o dever de prestar assistência jurídica, quando necessário. Constitui infração disciplinar "recusar-se a prestar, sem justo motivo, assistência jurídica, quando nomeado em virtude de impossibilidade da Defensoria Pública".[49] Ao perito não cabe tratamento diverso.[50] As funções de perito judicial, a rigor, deveriam ser exercidas pelo Estado, por órgãos seus. Normalmente, a prática demonstra que aquele que exerce as funções de perito judicial o faz com certa freqüência, na medida em que é profissional da confiança do juiz. Assim, conclui-se que, exercida a função com freqüência, e recebendo por ela nos demais casos, tem o perito o dever de prestar seus serviços gratuitamente, num primeiro momento, se a perícia for requerida por beneficiário da gratuidade. A final, poderá o perito ter seus honorários e despesas pagos, conforme o caso, pela parte contrária vencida, ou pelo Estado, se vencido o beneficiário, conforme exposto adiante.[51] O que não se pode é simplesmente deixar de realizar a

despesas com a perícia: *RJTJ-SP*, vol. 112, p. 347.

[49] Lei nº 8.906/94, art. 34, inciso XII.

[50] Assim entendeu o Tribunal de Justiça de São Paulo, em acórdão relatado pelo Des. Luiz de Azevedo: "O perito é um auxiliar do Juízo, diz o artigo 139 do Código de Processo Civil. Ao ser nomeado, tem o dever de cumprir o seu ofício, empregando nele toda a sua diligência (artigo 146 do Código de Processo Civil). Poderá escusar-se, alegando motivo legítimo, (artigos 146 e 423 do Código de Processo Civil) mas entre as razões da escusa não lhe será lícito incluir a falta ou demora no pagamento de honorários. Isto porque o encargo se apresenta como um munus público, a exemplo do que ocorre com os demais auxiliares do Juízo, que funcionários da justiça não são, e nem guardam vínculo permanente com o serviço público, mas àquela prestam a sua efetiva colaboração, independentemente do recebimento de honorários. É o que ocorre com a testemunha que vem prestar o seu depoimento em Juízo, com o Curador à lide, com o jurado, com o Advogado nomeado ad hoc para intervir como defensor do réu em audiência que está para se realizar." (*RJTJ-SP*, vol. 114, p. 340).

[51] Assim decidiu o Tribunal de Justiça de São Paulo, em acórdão relatado pelo Des. Cezar Peluso: "Daí, a sensata e jurídica conclusão de que salários de perito, para efeito de justiça gratuita, compreendem assim o estipêndio que se daria por conta do trabalho pessoal, como todas as demais despesas pessoais, ou materiais, necessárias ao desempenho do encargo, como as concernentes a serviços técnicos

perícia, ou exigir o adiantamento da parte contrária, que não requereu a perícia, e, portanto, não tem o ônus de antecipação das despesas a ela relativas.

E, além disso, há texto expresso concedendo ao beneficiário a isenção do pagamento dos honorários de peritos, no art. 3°, inciso V, da Lei n° 1.060/50.

O mesmo já dito acima aplica-se, sem qualquer modificação, ao tradutor e ao intérprete, quando seus ofícios forem necessários para o processo, e requeridos pelo beneficiário.[52]

2.1.7. Das despesas com extração de cópias do processo

Despesa que não está igualmente expressa, mas que é às vezes concedida, ora negada, pelos juízes, é o pagamento para extração de cópias do processo, necessárias a outro ato processual, como a formação agravo de instrumento,[53] carta de sentença, ou carta precatória.

Ora, não pode o beneficiário arcar com tais despesas, de modo que exigir-se dele o pagamento implica impedi-lo de praticar o ato para o qual as cópias se fazem necessárias. Deste modo, havendo serviço de

---

complementares, ou suplementares, custos de documentação e transportes, bem como outros gastos, sob rubrica de despesas indiretas. A larga isenção legal apanha também os terceiros prestadores, que não podem exigir pagamento algum ao necessitado. E as despesas materiais, que, em princípio poderiam recobradas ao erário público, sobre o qual pesa outra promessa constitucional, a da assistência judiciária (artigo 153, §32), se o não são, devem suportadas do perito, que delas se indeniza, com folga, por generosos salários e reembolsos pagos noutras causas." (*RJTJ-SP*, vol. 114, p. 332).

[52] O Decreto n° 23.703/85, do Governador do Estado de São Paulo, que regulamenta o Fundo de Assistência Judiciária traz a seguinte disposição em seu art. 4°: 'Os recursos do Fundo serão aplicados, pela Procuradoria Geral do Estado, consoante diretrizes fixadas pelo Secretário da Justiça, na realização de despesas necessárias às atividades de assistência judiciária gratuita, compreendendo, dentre outras: (...) VII - realização de despesas com tradução de documentos e cartas rogatórias, bem como perícias e outras despesas compreendidas na área de atuação da assistência judiciária.'

[53] Neste sentido, *RJTJ-SP*, vol. 124, p. 362, que determinou a formação do instrumento com as peças indicadas, cabendo ao cartório providenciá-las de ofício.

extração de cópias mantido pelo próprio Poder Judiciário, deverá o juiz determinar que sejam feitas as cópias necessárias, gratuitamente. E, não havendo tal serviço, nem outro meio de obter as cópias sem ônus para o beneficiário, só restará como alternativa determinar que o escrivão providencie o traslado das peças, transcrevendo o seu conteúdo e certificando sua conformidade com os originais.

2.1.8. Do reembolso a testemunhas

Nos termos do art. 419 do Código de Processo Civil, "a testemunha pode requerer ao juiz o pagamento da despesa que efetuou para comparecimento à audiência, devendo a parte pagá-la logo que arbitrada, ou depositá-la em cartório dentro de 3 (três) dias". Havendo tal pedido pela testemunha, pode o juiz fazer o arbitramento, mas o beneficiário estará dispensado de fazer o pagamento no prazo previsto no dispositivo legal citado, se a ele cabia efetuá-lo . O art. 3°, inciso IV, da Lei n° 1.060/50, isenta expressamente o beneficiário de indenizar as testemunhas. A final, a testemunha poderá receber tal valor, conforme veremos adiante.

2.1.9. Das despesas com órgãos do foro extrajudicial e outros órgãos públicos

Em inúmeras circunstâncias, poderá a parte necessitar praticar atos ou requerer certidões junto aos órgãos do chamado "foro extrajudicial". Impossível relacionar todas as hipóteses em que pode ser necessária tal passagem pelos cartórios extrajudiciais, com o fito de permitir a prática de algum ato processual. Podemos mencionar, em caráter exemplificativo, a necessidade de juntar certidões expedidas pelos cartórios extrajudiciais, a fim de fazer prova no processo, nas ações de separação, inventário, alimentos, usucapião, dentre muitas outras. Ou, ainda, alguma averbação nestes registros públicos pode ser necessária, a fim de se cumprir determinação judicial emanada do processo, como ocorre com a averbação da separação judicial, da declaração de paternidade, da sentença de usucapião,[54] de arresto, seqüestro ou penhora de bens imóveis.

Em todas estas hipóteses, exigir-se do carente o pagamento por tais atos praticados pelos cartórios extrajudiciais seria o mesmo que vedar-lhe o completo exercício do direito de ação, na medida em que, ou não poderia fazer a prova por meio da competente certidão, ou não poderia tornar as decisões judiciais obtidas plenamente eficazes, a ponto de atingir o objetivo para que foram prolatadas.

Assim sendo, poderá a parte beneficiária pela justiça gratuita requerer ao juiz da causa que determine aos ofícios o fornecimento das certidões necessárias a fazer prova no processo,[55] ou que, conforme o caso, procedam às averbações devidas, independentemente da cobrança de qualquer importância.

2.1.10. Dos documentos essenciais para propor ação de usucapião

Nos termos do art. 942 do Código de Processo Civil, a petição inicial de usucapião deverá ser instruída com uma planta do imóvel usucapiendo.

---

[54] Neste sentido, decidiu o Tribunal de Justiça de São Paulo, em acórdão relatado pelo Des. Jorge Almeida: "a Lei Federal n. 1.060, de 1950, artigo 3°, inciso II, assegura isenção ao pobre pelos atos do Serventuário da Justiça, sem distinguir se integrantes do foro judicial ou extrajudicial. (...) O processo de usucapião transita da tutela jurisdicional para a jurissatisfativa, sendo o Oficial do Registro Imobiliário quem deve cumprir esta última fase. Em outros termos, na ação de usucapião não basta declarar o direito do pobre, é preciso, também, realizá-lo. (...) A assistência judiciária gratuita, em face do princípio constitucional (artigo 5°, inciso LXXIV, da Constituição da República), deve ser interpretada extensivamente e praticada como um instrumento de acesso à ordem jurídica justa e não apenas como defesa técnica processual." (*RJTJ-SP*, vol. 128, p. 321).

[55] Neste sentido foi decidido pelo Tribunal de Justiça de São Paulo, em acórdão relatado pelo Des. Ralpho Waldo: "Em face do disposto no artigo 399 do Código de Processo Civil, todas as repartições públicas, vale dizer, as federais, estaduais e municipais, estão no dever de atender as requisições judiciais, mormente quando se trata de esclarecer situação de interesse de beneficiário da assistência judiciária, cuja efetividade a própria Constituição da República garante." (*RJTJ-SP*, vol. 116, p. 307).

Tal exigência não pode implicar empecilho para o ajuizamento da ação de usucapião, caso o autor não tenha condições econômicas de contratar profissional habilitado a elaborar uma planta do imóvel. Assim, a inicial poderá ser instruída com um mero desenho, feito por qualquer pessoa, mesmo não habilitada, mediante o qual seja possível individuar o imóvel objeto da ação. Excepcionalmente, se a elaboração de tal planta demandar conhecimentos profissionais específicos, poderá a parte pleitear ao juiz, na inicial, que este nomeie perito que elabore a planta do imóvel, após o que o feito prosseguirá, citando-se os réus.

2.1.11. Da publicação de editais

No curso do processo, pode ser necessária a publicação de editais na imprensa, seja para a realização da citação, seja no curso do processo de execução, a fim de informar a realização de hasta pública, ou, ainda, em alguns procedimentos especiais, a fim de dar-se ciência a terceiros interessados.[56]

O art. 3°, parágrafo único,[57] da Lei n° 1.060/50 dispõe que "a publicação de edital em jornal encarregado da divulgação de atos oficiais, na forma do inciso III, dispensa a publicação em outro jornal". Tal norma, não fazendo distinção entre a finalidade do edital, aplica-se em caráter geral para todo e qualquer edital previsto na lei processual.

Além disso, o Código de Processo Civil traz regras semelhantes, em situações específicas, que reforçam a regra. Para a citação por edital, dispõe o § 2°, do art. 232, do Código de Processo Civil,[58] que "a publicação do edital será feita apenas no órgão oficial quando a parte for beneficiária da Assistência Judiciária".[59] Com relação ao edital que antecede a realização de hasta pública, o art. 687,[60]

---

[56] Como, por exemplo, no caso dos arts. 761, inciso II, 908, inciso I, e 942, inciso II, do CPC.

[57] Parágrafo acrescentado pela Lei n° 7.288/84.

[58] Parágrafo acrescentado pela Lei n° 7.359/85.

[59] Leia-se: quando for beneficiária da justiça gratuita, para utilizar a expressão mais apropriada.

[60] De acordo com a nova redação que lhe foi dada pela Lei n° 8.953, de 13.12.1994.

§ 1º, dispõe que "a publicação do edital será feita no órgão oficial, quando o credor for beneficiário da justiça gratuita".

2.1.12. Do suprimento de autenticações em cópias e procurações por instrumento público

Alguns atos que demandam gastos por parte do beneficiário podem perfeitamente ser supridos pelo escrivão, mediante certidão nos autos do processo.

A autenticação das fotocópias extraídas de documentos pode ser feita da mesma forma, exibindo-se os originais em juízo, ou em cartório, para que sejam conferidos pelo escrivão.[61]

Quanto à procuração por instrumento público, nos casos em que tal forma se faça necessária, pode o mandato ser tomado por termo nos autos[62], comparecendo o beneficiário à presença do escrivão. A lavratura por instrumento público costuma ser desproporcionalmente dispendiosa para aqueles que dela necessitam, como os analfabetos, normalmente ainda mais carentes de recursos, ou deficientes visuais.

2.2. Dos ônus decorrentes da sucumbência

É regra processual que o vencido deve suportar todas as despesas decorrentes do processo. Sendo uma das partes beneficiária de justiça gratuita, tal regra sofre variações, que serão aqui analisadas.

Normalmente, as custas são adiantadas pelas partes, de modo que, sobrevindo o julgamento final e condenada uma das partes ao pagamento das despesas, a credora será a parte contrária, pelos valores que adiantou. Mas, sendo uma das partes beneficiária da justiça gratuita, a isenção da antecipação das despesas pode fazer com que outros sujeitos, e não só a parte contrária, sejam credores destas verbas.

---

[61] De acordo com o art. 385, do CPC. Regra semelhante encontramos no art. 830 da CLT, que permite, em qualquer caso, que as cópias não autenticadas, sejam conferidas conferidas com o original perante Juiz ou Tribunal.

[62] Conforme art. 16 da Lei nº 1.060/50.

Assim, num processo em que uma das partes teve o benefício da justiça gratuita, poderemos ter ao final como credores de despesas: *a)* a Fazenda Pública, quanto à taxa judiciária; *b)* órgãos públicos, que não a Fazenda, tais como a Ordem dos Advogados, quanto à taxa de juntada de instrumento de mandato, e cartórios extrajudiciais, pelas despesas de registros, averbações, extração de certidões; *c)* particulares, como peritos e testemunhas; *d)* a parte contrária ao beneficiário, pelas despesas que tenha adiantado, caso esta seja vencedora.

A solução destas obrigações será diversa, dependendo do resultado do julgamento, conforme o beneficiário seja vencedor ou vencido.

2.2.1. *Beneficiário vencedor*

Vencendo a demanda o beneficiário da justiça gratuita, a parte contrária não beneficiária da gratuidade arcará com todas as despesas devidas à Fazenda, aos órgãos públicos e aos particulares, sendo estes credores habilitados a cobrar do vencido seus respectivos créditos. Referimo-nos, aqui, às verbas que ainda não foram pagas no curso do processo, tendo em vista a dispensa do beneficiário de adiantar tais despesas.

Além disso, o vencido arcará com os honorários advocatícios da parte contrária beneficiária da gratuidade. A Lei nº 1.060/50 traz regras relativas ao pagamento de honorários pela parte contrária ao beneficiário vencedor, no art. 11 e seus §§ 1º e 2º. Apesar de ainda ser bastante mencionado, tanto na doutrina como na jurisprudência, o art. 11, como um todo, foi revogado pelo novo Código de Processo Civil. A condenação a honorários, portanto, deve ser regida pelo disposto no art. 20 do diploma processual.

O art. 11 da Lei nº 1.060/50, lido sem a devida preocupação com o seu significado original, parece servir para, no *caput, confirmar* o direito do beneficiário de receber honorários, e, no § 1º, impor condenação em teto inferior (15%) ao que seria possível, não houvesse a concessão da gratuidade. Todavia, quando da origem de tais dispositivos, não era essa a sua finalidade.

Segundo o Código de 1939, a condenação em honorários advocatícios da parte contrária era excepcional. Só havia condenação em honorários em caso de litigância de má-fé,[63] ou quando o direito pleiteado pelo autor tivesse origem em dolo ou culpa do réu,[64] ou, ainda, no caso de "absolvição da instância",[65] que, na terminologia do Código de 1939, correspondia à nossa atual extinção do processo sem julgamento do mérito. Mas, por sua vez, se a parte vencedora fosse beneficiária da gratuidade, a condenação em honorários era devida por força do art. 76 do Código,[66] mesmo que não houvesse má-fé, dolo ou culpa. Assim, numa época em que a condenação em honorários era restrita a poucas hipóteses, os advogados eram basicamente remunerados pelos seus clientes. A fim de permitir remunerar o advogado do beneficiário, a regra do art. 76 impunha a condenação do vencido, *sempre*, a estas verbas. O *caput* do art. 11, da Lei nº 1.060/50, por seu turno, simplesmente repetiu, com outra ordem de palavras, a mesma regra contida no dispositivo do Código. Quando entrou em vigor a Lei nº 1.060/50, ainda sob o Código de 1939, este art. 11 não poderia, portanto, servir como mera confirmação de que o beneficiário vencedor também teria o direito a honorários, pois esta não era a regra. Tal artigo, na verdade, estabelecia uma exceção ao sistema, em favor do beneficiário, que sempre[67] recebia honorários quando vencedor, e não somente nos casos de má-fé, dolo ou culpa. Na medida em que,

---

63 Por força do art. 63 do Código de 1939: "Sem prejuízo do disposto no artigo 3º a parte vencida, que tiver alterado, intencionalmente, a verdade, ou se houver conduzido de modo temerário no curso da lide, provocando incidentes manifestamente infundados, será condenada a reembolsar à vencedora as custas do processo e honorários do advogado".

64 Art. 64, do Código de 1939: "Quando a ação resultar de dolo ou culpa, contratual ou extra-contratual, a sentença que a julgar procedente condenará o réu ao pagamento dos honorários do advogado da parte contrária".

65 Art. 205, do Código de 1939: "No caso de absolvição da instância,o autor será condenado ao pagamento das despesas feitas pelo réu com o preparo da defesa, inclusive honorários de advogado, que o juiz arbitrará".

66 Art. 76, do Código de 1939: "Vencedor na causa o beneficiado, os honorários de seu advogado, as custas contadas em favor dos serventuários da justiça, bem como taxas e selos judiciários serão pagos pelo vencido".

67 Súmula 450 do STF: "São devidos honorários de advogado sempre que vencedor o beneficiário de justiça gratuita".

desde a Lei nº 4.632/65,[68] a condenação em honorários passou a ser imposta a todos em função da sucumbência, o art. 11 foi revogado tacitamente; com o novo Código, então, que melhor regulamentou a matéria, não há como entendê-lo em vigor.

Assim, o teto de 15% fixado no § 1º também é inaplicável,[69] valendo o disposto no Código de 1973, segundo o qual o percentual máximo é de 20%.[70] Se a regra do art. 11, originalmente, concedia ao beneficiário uma verba que a ninguém mais era devida, é equivocado entender que, com a generalização da condenação aos honorários, a norma passe a ter caráter restritivo, deixando o beneficiário em situação inferior.

O § 2º do art. 11, igualmente, perdeu significado. De fato, visto sob o manto do novo Código, tal dispositivo legal parece ter trocado as palavras "vencida" por "vencedora" ao dizer que "a parte vencida poderá acionar a vencedora para reaver as despesas do processo, inclusive honorários de advogado...".[71] Ocorre que, em 1950,[72] e até o

---

68 Esta lei deu nova redação ao art. 64 do Código de Processo anterior, que passou a viger com a seguinte redação: "Art. 64 - A sentença final na causa condenará a parte vencida ao pagamento dos honorários do advogado da parte vencedora, observado, no que for aplicável, o disposto no art. 55. § 1º - Os honorários serão fixados na própria sentença, que os arbitrará com moderação e motivadamente. § 2º - Se a sentença se basear em fato ou direito superveniente, o juiz levará em conta essa circunstância para o efeito da condenação nas custas e nos honorários".

69 O art. 76 do Código de 1939 não fixava qualquer parâmetro para a condenação em honorários em prol do beneficiário vencedor, como, aliás, não havia parâmetro para a fixação dos honorários nos demais casos previstos nos arts. 63 e 64.

70 Assim entendeu a 4ª Turma do STJ: "Este Tribunal, pelo menos por duas vezes, teve ocasião de apreciar o tema, oportunidades em que adotou entendimento no sentido de que a norma do §3º do art. 20, CPC, prevalece sobre a do art. 11 da Lei nº 1.060/50." (R. Esp. nº 28.662-5-SP; Rel. Min. Sálvio de Figueiredo Teixeira; j. 24.08.93, maioria de votos quanto ao mérito, mas unânime, nesta questão). (*in* Boletim da AASP, nº 1852, p. 193-j).

71 Neste sentido, ver Artemio Zanon, *Da assistência jurídica integral e gratuita*, em que o autor, concordando com Theotonio Negrão, expõe esta interpretação. Para José Roberto de Castro, *in Manual de Assistência Judiciária*, o parágrafo "é de impossível aplicação, pois colide frontalmente com o princípio da sucumbência". É necessário anotar que, em edições mais recentes de seu CPC, Theotonio Negrão reviu sua observação.

72 Não havia regra semelhante no Código de 1939. O § 2º do art. 11 foi inovação da

advento da Lei nº 4.632/65, o dispositivo fazia sentido. Conforme dissemos, não era regra geral a condenação em honorários, de modo que o beneficiário vencedor só os recebia em virtude da condição de necessitado. Como aquele que não era beneficiário não os recebia, arcando com os honorários do próprio advogado, entendeu o legislador que, em caso da perda da condição de necessitado, este deveria sujeitar-se às mesmas regras; então, deveria devolver à parte contrária os honorários que recebeu. Este era o significado do § 2º, e, portanto, está igualmente revogado pelo novo sistema, posto que hoje a condenação em honorários foi generalizada a todos, não havendo sentido na restituição ali determinada.

2.2.2. *Beneficiário vencido*

Na hipótese de ser o beneficiário vencido, a solução é um pouco mais complexa. Em primeiro lugar, quanto às verbas de que são credores a Fazenda ou órgãos públicos, estas restarão impagas, devendo estes credores suportá-las, pois não se pode esquecer que a prestação gratuita da jurisdição é antes de tudo dever do Estado.

Pelas mesmas razões, deve o Estado arcar com os créditos devidos a particulares, que poderão acionar a Fazenda para recebê-los. Tais particulares eram indiferentes ao processo, que em nada lhes poderia beneficiar, daí entendermos dever ser a solução para os seus créditos diversa daquela aplicada aos créditos devidos à parte contrária. Assim, se, num primeiro momento, tais particulares tiveram o dever de colaborar gratuitamente com a Justiça, tal não exclui o direito de reembolso contra o Estado, que é o obrigado principal pela concessão da gratuidade processual. Igualmente, pelos mesmos motivos, os honorários do advogado que patrocinou o necessitado devem ser pagos pelo Estado,[73] se aquele não for funcionário seu, ou já não esteja recebendo alguma remuneração mediante convênio com o Poder Público.

Lei nº 1.060/50.

[73] *RSTJ*, vol. 46, p. 340, vol. 53, p. 85, vol. 58, p. 285; *RJTAC-SP*, vol. 79, p. 103, vol. 80, p. 106, vol. 84, p. 82, vol. 89, p. 123, vol. 98, p. 87 e vol. 126, p. 117; *RT*, vol. 582, p. 127, vol. 645, p. 110 e vol. 645, p. 111.

Quanto às verbas devidas à parte contrária, nelas incluídas as despesas e os honorários de advogado, encontramos três correntes jurisprudenciais diversas. Uma primeira corrente isenta totalmente o beneficiário das verbas decorrentes da sucumbência; outra entende que deve haver a condenação, mas a cobrança fica condicionada à perda da condição de beneficiário; uma terceira, por fim, impõe a condenação sem qualquer restrição, afirmando não estar compreendida no benefício da gratuidade.

De nossa parte, entendemos que a segunda corrente citada é a mais acertada, seja em razão do texto legal, seja em razão da finalidade do benefício. Antes, porém, vamos expor o entendimento das demais correntes, a fim de analisá-las criticamente.

Como dissemos acima, uma das correntes jurisprudenciais condena o carente ao pagamento das verbas da sucumbência, sem qualquer restrição.[74] Segundo a fundamentação destes julgados, o benefício da gratuidade não abrange tais verbas, que são devidas por força do princípio da sucumbência. A isenção abrange tão somente o adiantamento das custas e os honorários de seu próprio advogado. As verbas da sucumbência têm um caráter de sanção imposta ao vencido e, como só são aplicadas ao final, não impedem o acesso à justiça do carente. Por último, outro dos argumentos que enumeramos alega que o art. 11, § 2º, não se aplica ao caso, não sendo de suspender-se a exigibilidade da condenação; e o art. 12, por sua vez, fala tão somente em custas, mas não em honorários, razão pela qual estes são devidos.

Não podemos concordar com tal posição. Em primeiro lugar, atendo-se tão somente ao que diz a Lei nº 1.060/50, mas interpretando-a adequadamente, não se pode extrair tais convicções. De fato, concordamos que o art. 11, § 2º, não se aplica à hipótese de ser o beneficiário vencido, conforme já dissemos acima. Igualmente, basta ler o art. 12 e verificar que o legislador não incluiu os honorários naquela regra. Todavia, a conclusão que devemos retirar do texto é

---

[74] *RJTJ-SP*, vol. 100, p. 132 e vol. 116, p. 244; *RJTAC-SP*, vol. 82, p. 273, vol. 90, p. 118, vol. 95, p. 322, vol. 105, p. 109, vol. 111, p. 247, vol. 118, p. 220, vol. 120, p. 274, vol. 120, p. 337, vol. 121, p. 321 e vol. 126, p. 291; *RT*, vol. 531, p. 178, vol. 538, p. 107, vol. 561, p. 163, vol. 585, p. 119, vol. 613, p. 200, vol. 629, p. 188 e vol. 630, p. 168.

outra. O art. 11, § 2°, hoje revogado, e o art. 12 não concedem benefícios ao carente, mas sim, restringem-nos. Os benefícios de que goza o carente estão enumerados, de forma não taxativa, no art. 3°. O art. 12, na verdade, cria regra desfavorável ao carente, na medida em que lhe obriga ao pagamento das custas, caso perca esta condição. O mesmo significado continha a regra do § 2°, do art. 11: enquanto o *caput*, excepcionalmente para época, conferia ao beneficiário direito a receber honorários de advogado quando vencedor, o § 2° restringia este direito à condição de permanecer necessitado; perdendo o estado de necessitado, segundo o aludido parágrafo, deveria devolver à parte vencida os valores recebidos.

As duas regras citadas, portanto, impõem limites à isenção. Ou seja, a isenção só subsiste na medida em que o beneficiário continue a ser pobre. Se tais regras legais não existissem, o benefício seria absoluto. O art. 11 e seus parágrafos, conforme dissemos acima, não estão mais em vigor. O fato do art. 12 mencionar tão somente custas, e não honorários, se interpretado literalmente, nos leva a conclusão diametralmente oposta àquela esposada pela corrente jurisprudencial que ora examinamos: o beneficiário vencido seria devedor tão somente das custas, devendo pagá-las na medida em que perca a condição de necessitado; dos honorários, porém, estaria totalmente isento.

Ademais, o art. 3° inclui entre as isenções os honorários de advogado, sem fazer qualquer distinção entre os honorários do próprio advogado ou os devidos à parte contrária. Razão não há para o intérprete distinguir onde o legislador não o fez.

Além de contrária à interpretação razoável da Lei 1060/50, tal orientação jurisprudencial afronta as garantias constitucionais da isonomia, da assistência jurídica integral e gratuita e do acesso a justiça. Embora se possa dizer que a condenação seja imposta a final, após a parte beneficiada pela gratuidade ter exercido sem despesas as faculdades processuais a que teria direito, é de se considerar que o risco de ter que utilizar-se dos parcos recursos para arcar com tais verbas pode levar a parte necessitada a ter receio de valer-se plenamente do processo. Pode ser induzida a fazer um mau - talvez péssimo - acordo, ante o receio de ver sua situação financeira ainda mais agravada pela condenação às verbas da sucumbência. Ou, pior, tal receio pode afugentá-lo por completo, levando-o a não propor a demanda.

Por fim, o acesso à justiça deve ser entendido como acesso à ordem jurídica justa,[75] e não como o simples fato de se permitir estar presente em juízo. Ao conceder o acesso à justiça do carente de recursos, não basta deixá-lo vir a juízo defender seus direitos, mas é necessário garantir-lhe efetiva participação no processo e que toda a sua atividade seja gratuita, do começo ao fim. Ser gratuito apenas o ingresso em juízo pode não ser suficiente para permitir o efetivo acesso à justiça, na medida em que o receio de perder - sempre presente e possível - e, conseqüentemente, ter de pagar as verbas da sucumbência, em detrimento do seu sustento, emerge como fator inibidor. O tratamento desigual se impõe, mesmo quanto ao pagamento de verbas de caráter sancionador, como o são as verbas decorrentes da sucumbência, até porque o peso de tal sanção atinge diferentemente as diversas camadas da população. Se para o economicamente suficiente, pode servir de útil fator inibidor de demandas infundadas, para o hipossuficiente pode significar bloqueio intransponível a obstar toda e qualquer ação, enquanto que, para o rico, o risco de arcar com as verbas da sucumbência sequer será levado em conta, ao decidir se irá a juízo. E, se procurarmos uma solução fundada no justo, não há sentido em impor tal sanção ao beneficiário, que a pagará em prejuízo do sustento próprio e de sua família.

Outra corrente jurisprudencial concede isenção total do beneficiário, não o condenando ao pagamento das verbas da sucumbência.[76] Embora tenha grau de acerto maior que a anterior, e esteja mais afinada com os princípios constitucionais, entendemos que contraria interpretação razoável do art. 12 da Lei de Assistência Judiciária. Como dissemos acima, este artigo impõe restrição aos benefícios concedidos, na medida em que determina o pagamento das custas em caso de perda da condição de necessitado, silenciando quanto aos honorários. Nosso entendimento é de que os honorários devem ser também devidos, na medida em que a condição ali prevista se

---

[75] Kazuo Watanabe, *Acesso à justiça e sociedade moderna*.

[76] *RJTJ-SP*, vol. 107, p. 154 e vol. 112, p. 258; *RJTAC-SP*, vol. 80, p. 79, vol. 82, p. 105, vol. 83, p. 265, vol. 89, p. 314 e vol. 103, p. 238; *RT*, vol. 557, p. 129.

verifique. Quando da elaboração desta lei, em 1950, não cogitou o legislador em incluir os honorários porque tal condenação era excepcional. Hoje, foram generalizados, sendo impostos, sempre, à parte vencida. A intenção original dos arts. 11, § 2º, e 12 era fazer com que o beneficiário que deixasse de ser pobre passasse a ser tratado sem distinção, devendo, respectivamente, devolver os honorários que recebeu, quando vencedor - pois o vencedor não-carente não os recebia -, ou pagar as custas, quando vencido.

Extraída a intenção destes artigos, que contêm normas de caráter restritivo, podemos transpô-los ao sistema atual, que é diverso. Assim, perdendo a condição de beneficiário, deve a parte ser tratada sem distinção, devendo pagar as verbas da sucumbência à parte contrária vencedora; ou seja, a regra geral passa a aplicar-se a ela.

E tal solução também nos parece justa. Por que não pagar tais verbas, se isto não mais implica prejuízo para o sustento? Não vemos razão para continuar tratando o ex-carente diferentemente dos demais.

Das críticas feitas a estas duas correntes jurisprudenciais extremas, concluímos pelo acerto da posição intermediária, segundo a qual o beneficiário vencido é condenado pela sentença a pagar as custas e honorários advocatícios da parte contrária. Todavia, a exigibilidade de tais verbas está na dependência da perda da condição de necessitado.[77]

Enfim, na medida em que a exigibilidade do pagamento fique condicionada à perda da condição de necessitado, tal condenação não impede o beneficiário de valer-se plenamente do processo, nem inibe o ingresso em juízo, ante o receio de vir a ser derrotado. De outro lado, é até razoável que seja a parte contrária ressarcida das verbas despendidas, caso cesse o estado de pobreza do devedor, o que não deixa de ser um fenômeno de verificação excepcional, principalmente nas condições sócioeconômicas em que se encontra o nosso país. Na

---

[77] *RSTJ*, vol. 36, p. 401, vol. 40, p. 547; *RJTJ-SP*, vol. 82, p. 58, vol. 101, p. 226, vol. 103, p. 118, vol. 110, p. 126, vol. 118, p. 261, vol. 119, p. 122 e vol. 125, p. 262; *RJTAC-SP*, vol. 84, p. 82, vol. 93, p. 341, vol. 97, p. 157, vol. 102, p. 100, vol. 107, p. 33, vol. 108, p. 297, vol. 109, p. 172, vol. 117, p. 155, vol. 120, p. 335, vol. 122, p. 358, vol. 123, p. 322 e vol. 125, p. 333; *RT*, vol. 581, p. 131, vol. 590, p. 226, vol. 593, p. 229 e vol. 601, p. 213.

medida em que o pagamento daquelas verbas não implicar prejuízo para o sustento do então beneficiário, o crédito tornar-se-á exigível.

É de se acrescentar que esta solução para o problema das verbas decorrentes da sucumbência deve ser aplicado a todas as causas, sem distinção. Notamos haver certa resistência por parte de parcela significativa dos nossos magistrados, em conceder a suspensão da exigibilidade das custas e honorários quando da purga da mora em ações de despejo por falta de pagamento.[78] Em recente julgamento, o Superior Tribunal de Justiça entendeu que as custas e honorários são devidos, mas com o abrandamento da Lei nº 1.060/50. Ou seja, não se deve distinguir esta situação das demais: as custas e honorários não devem ser incluídas no valor a ser pago para afastar o despejo, pois a exigibilidade destas verbas está suspensa, até que a condição de deixar de ser pobre se verifique.[79]

Nos termos, ainda, do art. 12, "se dentro de cinco anos, a contar da sentença final, o assistido não puder satisfazer tal pagamento, a obrigação ficará prescrita".[80]

É de se observar que não se trata, na verdade, de prazo prescricional, como o dispositivo menciona. Melhor redação teria o artigo se dissesse que a obrigação se tornaria definitivamente inexigível, ao invés de "prescrita". Conforme nos ensina Orlando Gomes, são pressupostos da prescrição: "*a)* a existência de um direito

---

[78]   *RT*, vol. 613, p. 200.

[79]   "A assistência jurídica integral e gratuita flui de princípio constitucional (artigo 5º, LXXIV). O fato de o artigo 36 da Lei nº 6.649 de 1979 dizer que o Juiz fixará, de plano, os honorários do locador, isto não significa que a Lei Especial (nº 1.060/50), concedendo a gratuidade judiciária genericamente, não incida, também, na ação de despejo por falta de pagamento e para purgar a mora. (...) Recurso especial conhecido e parcialmente provido para afirmar que, se a parte goza dos benefícios da assistência judiciária, no valor da purgação da mora não se incluem as despesas alusivas a custas e honorários de advogado, isenção que perdurará pelo prazo e forma previstos no artigo 12 da Lei nº 1.060/50. (STJ - 5ª T.; R. Esp. nº 27.821-5-SP; Rel. Min. Costa Lima; j. 09.12.92; v.u.; *DJU* de 01.02.93, p. 471, Seção I, ementa) (*in* Boletim da AASP nº 1793, p. 183).

[80]   O prazo foi inovação da Lei nº 1.060/50. O Código de 1939, em seu art. 78, dizia que a parte era obrigada a pagar as custas "a qualquer tempo", cessada a condição de pobreza.

atual, suscetível de ser pleiteado em juízo; *b)* a violação desse direito".[81] O mesmo mestre ainda nos ensina que "para ocorrer a prescrição requer: *a)* a inércia do titular; *b)* o decurso do tempo. É preciso que o titular do direito não o exerça e que a inatividade se prolongue por algum tempo".

Ou, no dizer de Antônio Luis da Câmara Leal, são "elementos integrantes, ou condições elementares da prescrição: *a)* existência de uma ação exercitável; *b)* inércia do titular da ação pelo seu não-exercício; *c)* continuidade dessa inércia durante um certo lapso de tempo; *d)* ausência de causas preclusivas de seu curso".[82] No caso em exame, nenhum dos requisitos mencionados por estes autores se verifica. Estando a exigibilidade condicionada à perda da qualidade de necessitado, não tem o credor como pleitear seu direito em juízo, até que a condição se verifique. Se o prazo qüinqüenal fosse, de fato, prescricional, só poderia começar a correr a partir do momento em que o direito passasse a ser exigível. Só começaria a correr com a verificação da condição. De outro lado, nenhuma violação ao direito ocorreu. Ora, não se pode falar em inércia do titular em não exigir direito inexigível, porque sujeito à condição suspensiva. Além disso, como se sabe, o prazo prescricional pode ser suspenso ou interrompido, embora não pareça ser esta a intenção do legislador, que pode ser notada pela construção do texto. Também não se trata de prazo decadencial pois este se presta, ainda segundo Orlando Gomes, a "limitar no tempo o exercício de um direito". Novamente, opomos a circunstância do direito em questão não ser exercível. Outras considerações faz a doutrina acerca da decadência, que, igualmente, não se enquadram no caso em questão (como, por exemplo: a decadência incide sobre direitos potestativos, desprovidos de pretensão; estão sujeitas à decadência as ações constitutivas).

Ao que tudo indica, o prazo de cinco anos integra a condição. Em outras palavras, quis o legislador dizer que o beneficiário vencido ficará obrigado a pagar *se perder a condição de beneficiário, e se a perder nos cinco anos seguintes ao trânsito em julgado da sentença.* Assim como quem diz "dou-lhe um automóvel se se casar neste ano", o prazo integra a condição. Não é prazo prescricional, nem decadencial.

---

[81] Orlando Gomes, *Introdução ao Direito Civil.*

[82] Antônio Luis Câmara Leal, *Da Prescrição e da Decadência*, p. 20.

Verificada a condição, ou seja, perdendo a qualidade de carente dentro dos cinco anos seguintes à sentença, o direito se torna exigível, podendo ser cobrado pelo credor.

A contagem do prazo tem início com o trânsito em julgado da sentença que condenou ao pagamento de honorários, seja a sentença definitiva ou simplesmente terminativa.

Se, por sua vez, a obrigação de pagar as custas e honorários está suspensa até verificação da condição, não é de ser aplicada a regra do art. 268 do Código de Processo Civil. Tal dispositivo legal estabelece como fato impeditivo à repropositura de ação o não-pagamento das custas e honorários impostos pela sentença que extinguiu o processo sem julgamento de mérito. Ao carente de recursos, porém, tal pagamento não é pressuposto para o novo exercício da ação.[83]

Não verificada a condição, ou seja, após passados cinco anos, não adquiriu o pobre condições de pagar a verba sem prejuízo do seu sustento ou o de sua família, a obrigação será tornada definitivamente inexigível: torna-se uma obrigação natural, desprovida de pretensão,[84] *tal qual a dívida prescrita*. Daí ter o legislador utilizado o termo "prescrita" na redação do texto, que só pode ser assim interpretado.

Algumas considerações finais que gostaríamos de acrescentar, dentro deste tema, dizem respeito à natureza da sentença que condena o beneficiário às verbas da sucumbência. Referimo-nos, certamente, apenas à parte da sentença que impõe tal condenação acessória, pois, quanto ao julgamento em si, em nada difere das demais sentenças pelo fato de ser o beneficiário vencido.

---

[83] Assim decidiu o Tribunal de Justiça de São Paulo, em acórdão relatado pelo Des. Rangel Dinamarco: "Por isso é que o aludido art. 12 manda que fique suspensa a exigibilidade da obrigação pelo custo do processo, imposta em sentença: só em caso de sobrevir melhoria econômico financeira antes do lapso prescricional de cinco anos é que essa obrigação se torna exigível, sendo suscetível de execução forçada e conduzindo a outras sanções. Diante disso, conclui-se: ao beneficiário de assistência judiciária não é legítimo impor a exigência de pagamento dos encargos financeiros de processo anterior extinto sem julgamento do mérito como ônus para a repropositura de igual demanda" (*RT*, vol. 614, p. 58). No mesmo sentido, *RSTJ*, vol. 37, p. 294.

[84] Orlando Gomes, *Obrigações*, pp. 95 e segs.

Assim, quanto às condenações acessórias impostas ao vencido beneficiário, tal sentença impõe condenação sujeita à verificação de condição suspensiva. Assim, aplicam-se à espécie as regras dos arts. 572, 614, inciso II, 618, inciso III, 741, inciso II e 743, inciso V, todos do Código de Processo Civil. Tal sentença não é título executivo, pois não tem exigibilidade,[85] qualidade que só lhe será conferida pela verificação da condição de deixar o vencido de ser necessitado. A parte, portanto, para executar tal condenação, deverá inicialmente provar a verificação da condição, nos termos do art. 614, inciso II, do Código de Processo Civil.

Mas, pergunta-se, como provar tal fato? Em que momento processual? Como realizar a prova no processo de execução? Não encontramos resposta razoável para tais indagações, na letra da lei, seja no Código, seja na Lei nº 1.060/50. Vamos, novamente, recorrer à analogia, a fim de propor solução para o problema. Como se sabe, são requisitos do título executivo a certeza, a liquidez e a exigibilidade. A falta de qualquer um destes requisitos descaracteriza a sentença como título executivo. No caso de faltar liquidez à sentença, a lei prevê a necessidade de um processo de liquidação, que tem a natureza de processo de conhecimento, no qual será conferida liquidez à sentença, vedada qualquer outra discussão sobre o litígio. Assim, se faltar outro requisito - a exigibilidade que foi condicionada à verificação de certo fato -, também será necessário um processo de conhecimento, no qual se discutirá tão somente se se verificou o termo ou a condição, a fim de conferir o requisito à sentença. Seria conveniente que o Código houvesse previsto um procedimento próprio, simplificado, para apurar a verificação do termo ou condição - ou, como sugestão, houvesse determinado o procedimento dos arts. 801 e seguintes -; à falta de determinação legal, só poderemos nos valer do procedimento comum. Assim, a menos que a prova possa ser somente documental, acompanhando a petição inicial de execução, somente por um procedimento preparatório seria possível preencher o requisito.

---

[85] Segundo Humberto Theodoro Junior, ocorre a exigibilidade do título executivo "quando o seu pagamento não depende de termo ou condição, nem está sujeito a outras limitações" (*Curso de Direito Processual Civil*, vol. II, p. 740).

Salientamos que, para José Frederico Marques,[86] ao tratar da "preparação do título condicionado", não sendo a prova documental, o procedimento preparatório seria necessário, podendo ser uma justificação (art. 866), ou uma notificação judicial (art. 872), a fim de constituir o devedor em mora. Esta última hipótese, para fins de prova da perda da condição de necessitado, é notoriamente inaplicável. A justificação, por sua vez, limita-se a colher a prova, sem que haja qualquer decisão judicial acerca da verificação ou não do evento. O procedimento, assim, não encerraria a controvérsia acerca da perda da condição de necessitado, que poderia ser objeto de apreciação futura, no processo de execução; serviria tão somente para criar prova documental para instruir a petição inicial de execução.

Nos termos do art. 618, III, sendo o título inexigível, é nula a execução. Se a dívida é inexigível, inexiste o título executivo, o que corresponde à falta de condição da ação para a execução,[87] Há, então, vício grave, que pode ser conhecido de ofício pelo juiz, e argüido pela parte contrária independentemente da interposição de embargos do devedor, e, por conseqüência, da penhora de bens.

3. O serviço de assistência jurídica

3.1. O prestador do serviço

Enquanto que, para conceder a mera gratuidade processual, basta ao Estado deixar de exigir o recolhimento de custas e demais despesas processuais, para cumprir com a promessa constitucional da assistência jurídica integral e gratuita deve o Estado estruturar-se adequadamente, a fim de poder prestar o serviço. A garantia da assistência jurídica não se efetiva por si, mas depende da intervenção do Estado, que passará a assumir uma postura ativa.

Os caminhos, porém, para que o Estado ofereça a assistência jurídica, são diversos, conforme a experiência de diversos países nos tem demonstrado. Três sistemas têm sido encontrados: *a)* patrocínio

---

[86] José Frederico Marques, *Manual de Direito Processual Civil*, vol. 4, p. 63.

[87] Alcides de Mendonça Lima, *Comentários ao CPC*, vol. VI, p. 659.

por advogados liberais, remunerados pelo Estado - o *Sistema Judicare*, *b)* patrocínio por advogados funcionários do Estado, e *c)* um sistema misto, em que tanto encontramos advogados liberais remunerados pelo Estado, como advogados funcionários do Estado.[88]

O primeiro dos três sistemas apontados tem como vantagem, ao menos teórica, entre outras apontadas[89] permitir ao beneficiário a escolha do profissional. No entanto, tal modalidade de assistência jurídica enfrenta algumas dificuldades, como a timidez das pessoas pobres em adentrar um escritório de advocacia, ou mesmo de resultados insatisfatórios decorrentes do fato de que tal sistema só se presta a defesa de interesses individuais, não tratando o pobre enquanto classe; além disso o sistema não contribui para auxiliar o pobre a reconhecer os seus direitos, nem para a reforma do sistema jurídico.[90]

O segundo sistema, por sua vez, permite uma prestação do serviço de modo mais amplo e global, para atender a interesses de uma comunidade, ou buscar reformas legislativas. Permite a aproximação geográfica do advogado com o pobre, levando o serviço para regiões mais pobres, onde, normalmente, os advogados liberais não se estabeleceriam. Porém, o sistema também enseja críticas: limita o beneficiário ao órgão ou ao profissional indicado disponível; tende a tornar-se paternalista, tratando o pobre como incapaz; para se distinguir do sistema *judicare*, atuando na defesa do pobre enquanto classe, o órgão deve ter independência em relação ao Governo, a fim de que não esteja sujeito a pressões quando os interesses dos pobres colidirem com a ação governamental; o sistema pode não ser suficiente para atender a todos que necessitem de auxílio jurídico.

---

88 Cf. Mauro Cappelletti e Bryant Garth, *Acesso à Justiça*.

89 *"Entre las principales ventajas que brinda este sistema, se han señalado: a) la intervención de los abogados independientes asegura la mejor calidad del servicio; b) permite que la asistencia llegue a todos los lugares, aun a los más alejados de los centros urbanos; c) siendo adecuadamente remuneradas las tareas profesionales, también los abogados experimentados participan del servicio"* (Roberto Berizonce, "La Organizacion de la Asistencia Juridica", *in Revista de Processo*, vol. 54, p. 163.)

90 Cf. Mauro Cappelletti e Bryant Garth, ob. cit.; Walter Piva Rodrigues, "Assistência Judiciária, uma garantia insuficiente", *in Encontro Participação e Processo*; Roberto O. Berizonce, ob. cit.

O melhor, assim, ante as vantagens e limitações destes dois sistemas, é a adoção de um sistema misto, em que, ao lado do serviço oficial, outros agentes prestadores coexistem. Neste sentido, aponta Walter Piva Rodrigues: "Bem se vê que a experiência de outros povos e a nossa própria realidade, esta já descrita e analisada por especialistas em fóruns os mais diversos, adotam como solução adequada a do sistema misto".[91]

3.1.1. O órgão estatal prestador do serviço

O serviço de prestação de assistência jurídica integral e gratuita é dever do Estado, imposto pelo art. 5º, inciso LXXIV. Embora entidades não-estatais possam desempenhar tal atividade, compete ao Estado estruturar o serviço de modo que dele possam se servir e ter acesso todos aqueles cujo perfil econômico se encaixe no conceito de beneficiário.

E, nos termos da atual Constituição Federal, o órgão público que deve ser incumbido de prestar a assistência jurídica é a Defensoria Pública.

A Constituição de 1988 consagrou, no Título III, Capítulo IV, como "funções essenciais à Justiça", as funções desempenhadas por três organismos públicos, o Ministério Público, a Advocacia Geral da União e a Defensoria Pública, bem como o exercício da advocacia.

Ao prever a existência de três diferentes instituições públicas sob a rubrica de "funções essenciais à Justiça", o constituinte de 1988 reconhece que há três distintas categorias de interesses a serem tutelados pelo Estado, e, na medida em que pode haver incompatibilidade entre estas diferentes categorias de interesses, é conveniente que sejam defendidos por órgãos estatais diversos.

Ao Ministério Público, nos termos do art. 127 da Constituição Federal, incumbe "a defesa da ordem jurídica, do regime democrático e dos interesses sociais e individuais indisponíveis". Tem, pois, a finalidade de representar os interesses da sociedade, considerada como um todo. A Advocacia-Geral da União, bem como as Procuradorias dos

---

[91] Id., ibid.

Estados, que lhe correspondem em nível estadual, devem defender os interesses da União e dos respectivos Estados. E, para a defesa dos interesses individuais daqueles que não podem arcar com os custos dos serviços de atendimento jurídico, foi instituída a Defensoria Pública.

Três, pois, são as categorias de interesses a serem defendidos por órgãos públicos: *a)* os interesses da sociedade como um todo; *b)* os interesses do Estado; *c)* os interesses individuais dos carentes de recursos.

Estas categorias de interesses podem, em inúmeras circunstâncias, ser frontalmente conflitantes. A satisfação de interesses da sociedade pode implicar redução do patrimônio do Estado, em caso de interesses em conflito entre sociedade e o Estado. Neste ponto, a Constituição é bem precisa, ao vedar ao Ministério Público "a representação judicial e a consultoria jurídica de entidades públicas",[92] pois no exercício de tais atividades estaria o *Parquet* defendendo interesses do Estado, fugindo da finalidade que a Constituição lhe reservou. Neste caso, a intenção da Lei Maior em atribuir a órgãos públicos diferentes a função de defesa dos interesses sociais e estatais é expressa no texto constitucional citado.

Mas não se pode negar que a intenção de separar as funções de defesa dos interesses dos carentes de recursos da defesa dos interesses sociais ou estatais também não esteja presente na nossa Carta. Os interesses individuais do beneficiário da gratuidade podem estar em conflito com interesses do Estado ou com interesses da sociedade (na esfera penal, o conflito entre réu-assistido e sociedade é sempre presente). É de todo conveniente que um terceiro órgão tenha por finalidade a prestação da assistência jurídica aos carentes de recursos, como uma garantia de que o serviço seja desempenhado com isenção e independência, na defesa exclusiva do interesse do patrocinado, tal qual o faria um advogado particular se o beneficiário pudesse contratá-lo.

Assim, determina a Constituição a criação da Defensoria Pública, mediante lei complementar, que terá por objeto organizar a instituição no Distrito Federal e Territórios e prescrever normas gerais para sua organização nos Estados. E, ainda, o mesmo dispositivo

---

[92] Art. 129, inciso IX.

constitucional traça regras mínimas que devem orientar a criação de tais órgãos: a organização em carreira, o ingresso mediante concurso público de provas e títulos, a garantia da inamovibilidade e a vedação ao exercício da advocacia fora das atribuições institucionais.[93]

Como se vê, entendeu o constituinte que para prestar um serviço efetivo de assistência jurídica à população, deve ser instituído um organismo autônomo e independente. Deve-se assegurar a autonomia administrativa do órgão prestador e a independência dos membros que o compõem, daí ter o texto constitucional, desde logo, conferido aos defensores públicos uma garantia de independência - a inamovibilidade - e imposto uma vedação - o exercício da advocacia fora da função.

A Constituição, portanto, estabelece como meta a criação da Defensoria Pública, revestida com garantias de autonomia, para a prestação de assistência jurídica integral e gratuita. Em situações ideais, que esperamos encontrar no futuro, a prestação de tal serviço pelo Estado deve ser desempenhado com exclusividade pela Defensoria Pública, deixando de sê-lo, por completo, pelo Ministério Público ou pelas Procuradorias dos Estados. A estruturação da carreira deve ser feita paralelamente à organização do Poder Judiciário, de modo que haja cargos de Defensor Público, em quantidade correspondente à demanda pelos serviços, em todos os lugares onde houver sede do Poder Judiciário, sejam Comarcas, Varas Distritais ou Foros Regionais. Outros aspectos próprios da carreira da magistratura poderiam ser também incorporados à Defensoria Pública, para dar-lhe maiores garantias de independência, como, por exemplo, os critérios de ascensão na carreira por antiguidade e merecimento, alternadamente, as garantias de vitaliciedade e de irredutibilidade de vencimentos, além de algumas das vedações. A vedação de receber honorários, percentuais ou custas processuais, incluída a sucumbência imposta à parte contrária vencida, também seria conveniente, a fim de que todos os casos trazidos sejam igualmente tratados e defendidos pelo defensor público, cujos vencimentos estariam assegurados, independentemente da relevância econômica das causas patrocinadas, e não sofreriam

---

[93]   CF, art. 134, parágrafo único.

variação em função destas. A sucumbência, neste caso, reverteria em favor do Estado, sendo conveniente que este a destinasse a um fundo criado para a manutenção do próprio serviço de assistência jurídica.

Enfim, propomos que a carreira da Defensoria Pública seja equiparada às carreiras da Magistratura e do Ministério Público, tanto nas vantagens e garantias como nos impedimentos, e seja organizada de modo que os cargos correspondam às sedes do Poder Judiciário, pois isto representa uma garantia de que o serviço seja prestado com efetividade, autonomia, e que o beneficiário tenha atendimento digno na defesa exclusiva de seus interesses. Em entrevista publicada na imprensa,[94] afirmou o Procurador-Geral da Defensoria Pública do Rio de Janeiro, José Carlos Tórtima: "O defensor público deve ter independência para atuar sem nenhuma vinculação com o Estado. Sem independência, os interesses do Estado e do assistido podem colidir e o defensor não poderá exercer sua função plenamente". Na mesma matéria jornalística, citou-se a posição de Pedro Armando Egydio de Carvalho, Procurador da Assistência Judiciária Criminal de São Paulo: "a defensoria deve ter um quadro independente para colocar no mesmo plano o tripé da Justiça: juiz, acusador e defensor".

Enquanto tais situações ideais não se verificam, vivemos numa fase de transição. E, durante esta fase de transição, enquanto a diretriz constitucional não for concretizada, a prestação de assistência jurídica deve ser desempenhada pelos organismos públicos que até então têm prestado o serviço. Embora seja um desempenho anômalo da função, melhor que assim continue a existir algum tipo de serviço do que nenhum, deixando os beneficiários completamente desassistidos ou assistidos deficientemente.

3.1.2. *Órgãos não-estatais prestadores do serviço*

Estruturada a Defensoria Pública de modo tal que lhe permita desempenhar com plenitude a função que a Constituição lhe atribuiu, o Estado cumpre o dever imposto pelo art. 5º, inciso LXXIV, da Constituição Federal. Todavia, mesmo quando atingirmos esta meta, e

---

[94] Ver *A Folha de São Paulo*, 29.11.1992, p. 4-2.

pudermos dizer que o Estado preste um serviço adequado e suficiente de assistência jurídica à população, não será dispensada, muito menos vedada, a existência de outros órgãos prestadores que não a Defensoria Pública. Acrescentamos que, no âmbito da Justiça do Trabalho, a assistência deve ser prestada pelo Sindicato da categoria profissional a que pertencer o trabalhador, ainda que não seja associado. Na falta do Sindicato, o serviço deve ser prestado pelo Estado.[95]

A triste realidade de nossa assistência judiciária, hoje, nos demonstra que os serviços oficiais de atendimento não são suficientes para atender à totalidade da população pobre que necessita de auxílio jurídico.[96] Por esta razão, os órgãos não-oficiais absorvem uma demanda pelo serviço que o Estado não consegue atender, embora seu seja o dever de prestar assistência jurídica. Mas, mesmo trabalhando em condições ideais, ou seja, supondo que o Estado mantenha uma estrutura que lhe permita atender a todos que necessitem do serviço, ainda assim vemos grande utilidade na prestação de serviços por órgãos não vinculados ao Estado.

Conforme mencionado acima, o sistema misto, que mescla a prestação da assistência jurídica por órgãos públicos e não-públicos, é o mais recomendado. O monopólio estatal na prestação de assistência jurídica pode causar alguns inconvenientes, de modo que melhor seria evitá-los para propiciar um atendimento de nível mais elevado à população.

Em primeiro lugar, a possibilidade de opção pelo serviço estatal ou pelo serviço de outra entidade dá maior liberdade ao beneficiário, tornando-o mais igual aos demais cidadãos não-beneficiários.

Um segundo aspecto, porém mais relevante, envolve o problema de termos pessoas carentes em ambos os pólos da relação processual. Embora seja possível encontrar uma solução técnico-processual para o problema, e que uma Defensoria Pública bem

---

[95] Lei nº 5.584/70, arts. 14, 17 e 18.

[96] Estatística divulgada no jornal *A Folha de São Paulo*, em 29.11.1992, indicam que, só na cidade de São Paulo, "cerca de 85% dos processos criminais (1700 por mês) são contra pessoas sem condições de pagar pelo serviço de advogado".

estruturada possa atender com isenção a ambos os litigantes, por meio de defensores diferentes, situações podem surgir em que o próprio defensor não se sinta capaz de bem realizar sua função, por ter tido algum contato, ainda que eventual, com a parte contrária que está sendo atendida por seu colega. Tememos que, em tais situações, o defensor perca a parcialidade que se exige do advogado, e se sinta tentado a "fazer justiça": ao invés de defender os interesses de seu cliente, conduza o processo no sentido de buscar um resultado intimamente preestabelecido como sendo "o justo", ou induzindo a um acordo neste sentido, colocando-se, não como defensor, mas como juiz. Ou, ainda, o beneficiário pode não se sentir defendido, ao ser atendido pelo mesmo "escritório" que atende à parte contrária. Além disto ser um insuportável constrangimento imposto à pessoa do carente, há o risco de desmerecer-se, até injustamente, o serviço recebido: o vencido sempre poderá alegar que foi mal patrocinado, ou até intencionalmente prejudicado, por melhor que tenha sido sua defesa. Isto pode gerar desconfiança pelo serviço prestado, ou causar revolta ou um sentimento de ter sido injustiçado e, mesmo que sejam equivocados, não se deve alimentar tais sentimentos entre a população, pois leva à descrença na Justiça e no Direito. Se tais circunstâncias se verificarem, melhor será que uma das partes seja atendida por outro órgão prestador, que não a Defensoria Pública.

Para contornar percalços tais, mostra-se conveniente a existência de outros órgãos prestadores, diversos da Defensoria Pública, que podem ou não ser mantidos por verbas públicas. Neste sentido, encontramos alguns Municípios que mantêm serviços de assistência jurídica à população. Existem, ainda, associações civis que prestam o serviço e entre estas destacamos as entidades estudantis.

A prestação de assistência jurídica à população por estudantes de Direito desempenha uma função duplamente relevante para o aprimoramento das instituições jurídicas: de um lado, pelo próprio atendimento ao carente, permitindo a ele o acesso à justiça; de outro, pela contribuição à boa formação do profissional do Direito. O aluno que, durante o curso de Direito, presta serviços na assistência judiciária, não só tem seu aprendizado técnico-jurídico ampliado, pelo contato com casos concretos, mas também sente de perto a realidade social do país. Enfim, torna-se um profissional mais humano, mais consciente da necessidade de se fazer justiça no caso concreto, mais consciente da importância da função que irá desempenhar após a graduação. Além disso, no que tange especialmente às universidades públicas, temos a opinião de que estas escolas devem, ao lado de produzir e transmitir conhecimentos, dar algum retorno à sociedade, que as mantém mediante o pagamento de impostos, prestando serviços à população. Entendemos que às faculdades de Direito públicas, num país em que a pobreza atinge níveis alarmantes, impõe-se um dever moral de manter serviços de assistência jurídica gratuita, quase tão imperativo quanto o dever legal que o art. 5°, inciso LXXIV, da Constituição, impõe ao Estado.

3.2. O modo de prestar o serviço

O serviço de assistência jurídica compreende dois tipos de prestação de serviços jurídicos: o patrocínio judicial de causas, a que chamamos de assistência judiciária, e serviços jurídicos outros, extra-processuais.

Assim, todo o tipo de trabalho desempenhado profissionalmente pelo advogado deve ser colocado pelo Estado à disposição do carente de recursos, mediante a prestação da assistência jurídica integral e gratuita. Deve haver um serviço de orientação e esclarecimento de dúvidas, e de assessoramento jurídico na celebração de contratos ou acordos. É necessário analisar se, antes de ajuizar uma demanda, não seria viável e satisfatória para o assistido a busca de uma solução extra-processual para o conflito. E, em caso positivo, tentar obtê-la, entrando em contato com a parte contrária, tal qual faria o advogado particular na defesa dos interesses de seu cliente.

Inclui-se, também, um trabalho preventivo, no sentido de fazer com que a população conheça quais são os seus direitos e como pode exercê-los. Seria inócua a instalação de um serviço de assistência jurídica eficiente, se a população alvo dos serviços não a procurar, por desconhecer que tem direitos. O desconhecimento do Direito por parte do carente de recursos é uma barreira a ser vencida, a fim de permitir o seu acesso à justiça. Assim, compete ao prestador de assistência jurídica promover com certa periodicidade palestras para a população, ou orientações coletivas para pessoas com o mesmo tipo de problemas jurídicos. O uso dos meios de comunicação de massa, em especial o rádio e a televisão, muito poderia contribuir neste sentido, seja dedicando programas especificamente voltados para o esclarecimento e a informação da população, seja inserindo em novelas explicações jurídicas corretas sobre temas de interesse geral da população.

Quanto à maneira de prestar atendimento individual, o necessitado deve ter o mesmo tratamento que seria dispensado a qualquer cliente de um escritório de advocacia: deve ser informado da melhor maneira possível acerca dos detalhes que envolvem o caso. Não basta uma atitude paternalista de dizer-lhe "eu cuido do seu caso", mas deve o beneficiário ser esclarecido quanto à sua situação jurídica, as suas chances, o que pesa a seu favor e o que pesa contra. O atendimento deve fazer com que o caso sirva de experiência ao cliente para situações da vida futura, devem ser-lhe esclarecidos, ainda que de uma forma bastante simplificada, o funcionamento da máquina judicial e algumas noções básicas de Direito, que o façam compreender o que se passa.

Além disso, o atendimento deve buscar vencer a barreira sócio-cultural que separa o beneficiário do advogado. Palavras simples devem ser usadas, e deve-se procurar conversar com calma, pois a diferença de vocabulário pode levar a alguns mal-entendidos. Não é recomendável o uso de palavras técnicas, mesmo aquelas que parecem ter o mesmo significado para todos, pois nem sempre o tem. Principalmente em se tratando de termos jurídicos, deve-se desconfiar do seu significado, quando ditos pelo cliente. Aos juízes também serve esta advertência, ao tomar depoimento pessoal ou o testemunho de pessoas simples.[97] Se for possível, deve-se utilizar exemplos que tornem a situação mais compreensível para o carente.

A organização do serviço deve ser feita de modo a tornar-se acessível ao beneficiário. O excesso de burocracia, o horário restrito, ou a demora em obter uma vaga para o atendimento acusam um serviço insatisfatório, na medida em que não atende plenamente à demanda exigida. O acesso ao profissional - advogado ou estagiário - deve ser rápido e independente de maiores formalidades.

Outra barreira a ser vencida é o desconhecimento pelo carente da existência do próprio órgão prestador do serviço. Para o carente, a perspectiva de ter um advogado seu lhe parece, muitas vezes, algo remoto. Se tal desconhecimento já é afrontoso ao senso comum de justiça por impedir o carente de tomar a iniciativa em defesa seus direitos, mais ainda nos choca a possibilidade de vir o pobre a ser revel quando figurar como réu no processo. Ao ser citado, muitas vezes o carente não tem qualquer noção do que deve fazer ou onde procurar auxílio. Como sugestão para abrandar o problema, apontamos a inclusão de mais uma formalidade na execução da citação: a menção, no mandado, a ser lida pelo Oficial, de que o réu, caso seja pobre, poderá ser atendido pela Defensoria Pública, ou outros órgãos eventualmente existentes no lugar, cujos endereços estejam ali indicados.

---

[97] Mais uma vez, narro um caso concreto, que bem serve de ilustração para o problema. Em uma causa - também pelo XI de Agosto - defendíamos o réu em uma ação de despejo por falta de pagamento. Afirmava o réu que o autor, seu primo, havia lhe emprestado o imóvel, para que morasse de graça. A defesa, então, fundava-se na inadequação da ação de despejo, já que inexistia locação, e, sim, comodato. Ouvidos os depoimentos pessoais, sentou-se a primeira testemunha, do autor. Perguntada acerca da qualidade com a qual o réu habitava o imóvel, afirmou a testemunha, categórica: "É inquilino!". Por amor às causas aparentemente perdidas, mas sem muita certeza de ver a repergunta deferida, dirigi-me ao juiz: "gostaria que V.Exa. perguntasse ao depoente o que ele entende por 'inquilino'". Prudente, o magistrado dirigiu a pergunta à testemunha, que respondeu: "inquilino é quem não é proprietário; se eu não sou proprietário, eu sou inquilino". À pergunta seguinte, se alguma vez viu o réu pagar aluguel, afirmou, com a mesma firmeza: "desde que está lá ele nunca pagou aluguel!".

4. Tratamento diferenciado concedido ao serviço de assistência judiciária

4.1. Prazo em dobro

A Lei n° 7.781/89 acrescentou o § 5°, ao art. 5°, da Lei n° 1.060/50, cuja redação é a seguinte: "Nos Estados onde a Assistência Judiciária seja organizada e por eles mantida, o Defensor Público, ou quem exerça cargo equivalente, será intimado pessoalmente de todos os atos do processo, em ambas as Instâncias, contando-se-lhes em dobro todos os prazos".

No que diz respeito à parte final do dispositivo legal citado, criou-se mais um benefício de prazo a ser colocado ao lado dos já existentes na lei processual.

Do princípio constitucional da isonomia, aplicado ao Direito Processual, extraímos que a ambas as partes devem ser dadas as mesmas oportunidades processuais, independentemente de quem seja parte, ou do pólo que ocupe na relação processual. E, por iguais oportunidades, devemos entender a concessão de prazos iguais para a prática de atos idênticos ou assemelhados. Este é um dos princípios aplicáveis aos prazos, o princípio da paridade de tratamento, que nada mais é do que um desdobramento lógico da isonomia constitucional.[98]

Algumas exceções a este princípio, contudo, podem ser observadas no próprio Código de Processo Civil, nos arts. 188 e 192. O art. 188 concede prazos dilatados para resposta - em quádruplo - e para recursos - em dobro - à Fazenda Pública e ao Ministério Público, enquanto o art. 192 duplica todos os prazos para manifestação quando houver litisconsortes defendidos por diferentes advogados.

Rogério Lauria Tucci e José Rogério Cruz e Tucci negam a constitucionalidade de tais dispositivos legais,[99] por violarem a isonomia e a igualdade processual dela decorrente.

---

[98] Moacyr Amaral Santos, *Primeiras Linhas de Direito Processual Civil*, vol. 1.

[99] Rogério Lauria Tucci e José Rogério Cruz e Tucci, *Constituição de 1988 e Processo*, pp. 44-45.

Sem embargo de nossa deferência pelos defensores de tal posição,[100] não nos parece haver lesão ao princípio da isonomia. A isonomia não implica igualdade absoluta, mas sim em dar tratamento igual aos iguais, e desigual aos desiguais, a fim de compensar a desigualdade, e, com isto, buscar atingir a igualdade substancial. Desta forma, admitimos que, em tese, seja possível à lei conceder prazos dilatados a determinados sujeitos, se isso for necessário para estabelecer o equilíbrio. Ou seja, o benefício de prazo não é inconstitucional, na medida em que exista um motivo justo e razoável que o sustente.[101]

Em todos os casos em que o legislador conferiu prazos privilegiados, podemos encontrar razões de duas ordens que os justificam.

Em primeiro lugar, há uma razão de ordem prática, devido à dificuldade de atuação daqueles em cujo favor o prazo foi dilatado. Tomemos como exemplo a Fazenda Pública: esta é citada na pessoa de seu representante legal, que deverá solicitar informações ao órgão da Administração que esteja diretamente envolvido com o litígio. Há uma diferença, em prejuízo da Fazenda, se compararmos com o litigante comum, citado pessoalmente. O mesmo ocorre quando temos diferentes procuradores patrocinando os interesses dos diferentes litisconsortes. A atuação de um no processo poderá prejudicar a dos demais, de modo que o prazo ordinariamente concedido pode se mostrar insuficiente para assegurar a independência de atuação dos litisconsortes.

---

[100] Segundo Nelson Nery Júnior (ver "O benefício da dilatação do prazo para o Ministério Público no Direito Processual Civil Brasileiro", *in Revista de Processo* nº 30, pp. 109-126), a inconstitucionalidade do benefício de prazo foi também defendida por Edson Prata, em tese apresentada no Congresso Nacional de Direito Processual Civil, realizado em Porto Alegre, de 11.07.1983 a 16.07.1983.

[101] Deixamos de manifestar opinião acerca do quanto o prazo pode ser dilatado, por fugir ao objeto do trabalho. Restringimos nosso parecer a afirmar que o prazo pode e deve ser dilatado, na exata proporção que se mostrar conveniente para sanar a dificuldade. Todavia, devemos afirmar que, mesmo entre os que defendem o prazo dilatado, encontramos críticas ao prazo quadruplicado, por ser considerado excessivo. Neste sentido, Ada Pellegrini Grinover, "Benefício de Prazo", *in Revista Brasileira de Direito Processual* nº 19, pp. 13-24.

Mas não é apenas este o fundamento que autoriza a dilatação dos prazos. Se assim fosse, todo aquele que demonstrasse alguma dificuldade em atuar no processo faria jus ao benefício. Assim, uma pessoa jurídica com grande estrutura hierárquica poderia afirmar ter as mesmas dificuldades que tem a Fazenda em oferecer defesa. Outro fundamento, portanto, encontramos para justificar a concessão de prazo dilatado, este de ordem valorativa. Em todos os casos em que o benefício de prazo é estabelecido há uma relevante razão de ordem pública a ser protegida. Ou seja, além de uma notória ou possível *necessidade* de ter o prazo aumentado, há um *justo motivo* para tanto. No que toca à Fazenda Pública, o justo motivo é a defesa do patrimônio público; para o Ministério Público, a defesa dos interesses sociais indisponíveis; e, para os litisconsortes, há o interesse em estabelecer o contraditório regular, pois, neste caso, não há outra opção, não foram os litisconsortes que deram causa à dificuldade, na medida que é direito de cada um indicar advogado próprio de sua confiança.[102]

A concessão de prazos em dobro à Defensoria Pública, por sua vez, pode ser sustentada por estes dois tipos de fundamentos. A necessidade de obter prazo em dobro decorre das dificuldades que tem o carente em ser atendido, e a do defensor em atendê-lo. Não poucas vezes o carente, citado para a demanda, fica sem saber a quem recorrer. Sem recursos materiais, sem informação e de pouca cultura, fica literalmente perdido. Além disso, as condições de vida do carente, nos grandes centros urbanos, acarretam outras dificuldades: via de regra moram em locais distantes, e perdem muito tempo com o transporte. Em razão disso, têm menos tempo útil, afora o despendido com o trabalho - e incluída a locomoção até ele -, para utilizar à procura de quem os defenda. É comum, no dia-a-dia do atendimento em órgãos prestadores de assistência judiciária, que os carentes cheguem ao local vários dias após a citação, quando não com o prazo escoado. E, se indagarmos o porquê da demora, veremos que não foi por desleixo, ou por desinteresse pela causa, mas por impossibilidade material de ali

---

[102] Neste caso, se for plenamente demonstrado que a indicação de advogados diferentes é artificial, com o intuito único de obter o prazo em dobro, o benefício deve ser cassado. A presunção, porém, milita no sentido de que há boa-fé por parte dos litisconsortes.

chegar antes.[103] Por outro lado, o trabalho do defensor também é dificultado. Muitas são as razões que fazem com que, no curso do processo, torne-se necessário manter contato com o beneficiário. A título de exemplo, apenas, podemos citar alguns: para indagar sobre fatos novos alegados pela parte contrária, para oferecer defesa em reconvenção, para comunicar algum ato cuja prática dependa de algum contato com o atendido, tais como a purga da mora em ações de despejo, ou depósito em consignatórias. E o que a prática demonstra é uma dificuldade, quase sempre presente, de entrar em contato com o beneficiário: não têm eles telefone próprio, e quando o têm para recados, ainda assim não será imediatamente que serão contatados; em decorrência da crise de moradias, mudam de endereço com freqüência; até mesmo os Correios chegam a não encontrar seus endereços, mormente quando se localizam em favelas ou locais ermos. Intimado a praticar qualquer destes atos, cujo bom desempenho dependa de algum contato com a parte, o prazo para o defensor fica sendo exíguo.

Se a necessidade é patente, o justo motivo para a dilatação também se mostra claro. Encontramos como fundamento valorativo a necessidade de promover o acesso do carente à ordem jurídica justa. Não basta portanto, o mero acesso formal à justiça, sem meios efetivos de razoavelmente defender seus interesses, pois assim estaríamos legitimando a realização de uma injustiça.

A partir da análise destes fundamentos, encontramos uma interpretação extensiva ao texto do § 5º, do art. 5º, da Lei nº 1.060/50. Diz o texto que têm prazo em dobro o Defensor Público "ou quem exerça cargo equivalente". Entendemos que a palavra *cargo* deve ser lida como *função*: o prazo em dobro deve ser concedido a todo órgão prestador de assistência judiciária, e não somente ao órgão oficial prestador do serviço.[104] A interpretação dada tem fundamento na

---

103 A experiência no atendimento em órgão prestador de assistência judiciária - o Departamento Jurídico do C.A. XI de Agosto - nos fez presenciar diversas situações assim: o carente, antes de chegar ao órgão, dirigiu-se a órgãos de assistência social, à Igreja, à Polícia, à Câmara dos Vereadores, que o encaminhavam ao XI de Agosto.

104 Ou seja, as associações de direito privado, que desempenham a função como sua finalidade, ou mesmo advogados isolados, que, com freqüência e habitualidade, desempenham a função em convênio com o Estado ou por determinação judicial.

isonomia: não há porque fazer-se a distinção. As dificuldades de atendimento que justificam a concessão de prazo em dobro estão presentes tanto na hipótese de atendimento pelo órgão oficial quanto na de atendimento por outro órgão prestador de assistência judiciária. O prazo, na verdade, é concedido em prol do assistido, carente de recursos, e não do órgão público. E, diante da realidade atual da assistência judiciária, em que os órgãos oficiais não têm como atender à totalidade da demanda que precisa de seus serviços, os demais órgãos prestadores estão atuando na lacuna deixada pelo Poder Público, estão suprindo suas deficiências. Ora, tome-se o exemplo de dois carentes litigando um contra o outro, um defendido pelo órgão oficial e outro por órgão prestador diverso do oficial. Conceder prazo em dobro a um e não ao outro é tratar desigualmente duas situações perfeitamente iguais, em detrimento do princípio da isonomia. Para não incidir em inconstitucionalidade, entendemos que tal dispositivo legal deve ser assim interpretado.[105]

Nos termos do mencionado § 5°, do art. 5°, da Lei de Assistência Judiciária, *todos* os prazos são contados em dobro. Assim, o prazo para contestar deve, obviamente, ser incluído, independentemente da prática de qualquer formalidade, já que a lei não exige outros requisitos. Desnecessário, portanto, requerer ao juiz o prazo em dobro antes de oferecer a resposta. Oferecida a contestação dentro do prazo dobrado, esta há de ser recebida, desde que a parte seja beneficiária da gratuidade processual e esteja sendo defendida por órgão ou agente prestador de assistência judiciária. A exigência de pedido de concessão do prazo em dobro antes de vencido o prazo normal atenta contra a finalidade da norma: o prazo em dobro é

---

[105] Em recente julgamento, relatado pelo Exmo. Min. Fontes de Alencar, o STJ entendeu que o prazo em dobro se aplica também a outros órgãos prestadores de assistência judiciária, e não somente aos órgãos oficiais. Eis a ementa do referido acórdão: "Assistência Judiciária. Prazos dobrados. Aos advogados do Centro Acadêmico XI de Agosto, da Faculdade de Direito da USP, entidade conveniada com o Estado de São Paulo visando à prestação de assistência judiciária gratuita, enquanto prestante da referida assistência às pessoas carentes, contam-se em dobro todos os prazos. Recurso especial a que se deu provimento. Unânime." E, no bojo do acórdão, afirma-se: "Podemos inferir que tanto na legislação processual anterior, como na atual, o privilégio do prazo elastecido é *em razão da parte*, justificado pelo interesse público" (grifamos) (*JSTJ e TRF - LEX*, vol. 42, p. 242).

concedido ao assistido, que, pelas dificuldades que enfrenta, muitas vezes já é atendido pelo órgão prestador *após* o decurso do prazo normal.

4.2. Intimação pessoal do defensor

O mesmo § 5°, do art. 5°, da Lei n° 1.060/50, acrescentado pela Lei n° 7.781/89, além de fixar prazo em dobro para o órgão prestador de assistência judiciária, determina que as intimações devem ser feitas pessoalmente, ao defensor.

Assim, o órgão prestador de assistência judiciária não será intimado dos atos processuais pela imprensa, mas por Oficial de Justiça, pessoalmente, na pessoa do patrono do assistido.

Tal medida visa a dar maiores garantias ao assistido, ao facilitar o acompanhamento do processo por parte do órgão prestador de assistência judiciária.

4.3. Juntada do instrumento de mandato

A Lei n° 6.248/75 acrescentou parágrafo único ao art. 16 da Lei n° 1.060/50 dispondo que:

"O instrumento de mandato não será exigido quando a parte for representada em juízo por advogado integrante de entidade de direito público incumbido, na forma da lei, de prestação de assistência judiciária gratuita, ressalvados: a) os atos previstos no artigo 38 do Código de Processo Civil; b) o requerimento de abertura de inquérito por crime de ação privada, a proposição de ação penal privada ou o oferecimento de representação por crime de ação pública condicionada".

Temos, assim, mais uma facilidade concedida ao órgão prestador de assistência judiciária, simplificando a atuação deste. Neste caso, porém, o benefício é concedido unicamente às entidades de direito público, não se aplicando a todos os órgãos prestadores de assistência judiciária.

Na medida em que o carente esteja sendo patrocinado por órgão público prestador de assistência judiciária, todo e qualquer advogado que esteja legalmente investido no cargo correspondente estará habilitado a defender o assistido. Tal regra não pode ser aplicada às entidades de direito privado, pois neste caso não seria possível definir quais advogados estariam habilitados a proceder à defesa da parte assistida, na medida em que não há um ato formal que tenha definido quais sejam os advogados que atuam no referido órgão de direito privado. A investidura no cargo de Defensor Público ou outro correspondente, ato formal que é, permite individualizar quais são os advogados que estão aptos a exercer o patrocínio da causa, na defesa do carente atendido pelo órgão público.

Ao órgão de direito privado, prestador de assistência judiciária, resta apenas requerer que a procuração seja lavrada "na ata de audiência", conforme o art. 16, *caput,* da Lei nº 1.060/50, o que ao menos suprime despesas com a elaboração do instrumento de mandato.

4.4. Intimações pessoais da própria parte assistida. Impossibilidade de citação do reconvindo assistido na pessoa do seu patrono

Casos há, no curso do processo, em que é determinada a prática de ato que dependa de atividade da própria parte assistida, como por exemplo, quando se designa data para a purgação de mora, ou para a audiência de oblação. Nesses casos, deverá a parte oferecer ou depositar valores, ato que, portanto, não pode ser realizado pelo defensor sem que a própria parte seja comunicada. Em virtude das dificuldades de contato com a parte, pode-se tornar muito difícil, senão impossível em algumas ocasiões, que o defensor lhe comunique a determinação em tempo hábil. Assim, sendo a parte defendida por órgão prestador de assistência judiciária, a intimação deve ser feita pessoalmente à parte, toda vez que o ato determinado envolva alguma atividade desta.

De outro lado, como bem anota Luiz Paulo da Silva Araújo Filho,[106] a "intimação" a que se refere o art. 316 do Código de Processo Civil não pode ser feita na pessoa do Defensor Público.

Apesar de falar o Código em "intimação" no art. 316, trata-se, na verdade de citação, pois é ato que completa a formação da relação processual reconvencional. A regra é excepcional dentro do sistema, na medida em que admite que a citação possa ser feita em pessoa diversa da do réu (no caso, o autor da ação, réu da reconvenção) e desprovida de poderes expressamente outorgados para tanto.

Mas, como sustenta Araújo Filho, o Defensor Público não é procurador da parte, em sentido estrito, não lhe foram outorgados poderes pelo assistido, mas sim, está aquele no desempenho de função pública que lhe é própria:

> *"Se o advogado, todavia, é procurador da parte em sentido estrito, assim considerado como a pessoa tecnicamente habilitada, investida de poderes de representação pela parte, por procuração, para, em seu nome, procurar em juízo (arts. 1.288 e 1.324 do Cód. Civil), não o é, à evidência, o defensor público, membro de órgão do Estado incumbido de prestar assistência jurídica aos necessitados, que nenhum negócio jurídico de procura tem com a parte".*

Assim, ao permitir a citação na pessoa do "procurador", não se inclui na regra do art. 316 o Defensor Público.

Além do aspecto técnico, é de se considerar os riscos de admitir-se a citação nestes casos. Ora, o contato entre o defensor e o assistido é diferente daquele mantido entre o advogado particular e seu cliente. Enquanto o advogado particular foi escolhido pelo cliente, a parte assistida "é *representada pelo órgão por intermédio* do membro (*qualquer um!*) que esteja designado para funcionar no correspondente órgão da atuação".[107] E, em razão da dificuldade natural de entrar em contato com o assistido, a citação na pessoa do defensor inviabiliza o efetivo oferecimento da defesa: como poderá elaborá-la o defensor,

---

[106] Luiz Paulo da Silva Araújo Filho, "A intimação do reconvindo na pessoa do seu procurador (Art. 316 do CPC) e o Defensor Público", *in Revista Brasileira de Direito Processual*, vol. 57, p. 99.

[107] Luiz Paulo da Silva Araújo Filho, ob. cit.

sem que a própria parte lhe dê os elementos fáticos necessários? Considerando as conseqüências do não-oferecimento da defesa e da não-impugnação especificada dos fatos alegados, o gravame pode ser irreparável, atentando contra a garantia constitucional do contraditório e do devido processo legal.

Acrescentaríamos, aqui, que tal tratamento diverso deve ser concedido não só aos órgãos oficiais prestadores de assistência judiciária, mas também aos não-oficiais, em razão da isonomia. Se, formalmente, é passado o instrumento de mandato aos advogados que atuam nestes órgãos, não podemos deixar de considerar que, no fundo, a defesa é prestada pelo órgão; da mesma forma, o assistido não escolheu seu patrono, mas dirigiu-se àquela entidade, que atuará mediante os advogados ali disponíveis, grupo que poderá ser alterado, conforme os profissionais ingressem ou se retirem dos seus quadros. De resto, os problemas de comunicação entre o patrono e o assistido são os mesmos, tanto no órgão oficial como nos não-estatais; o prejuízo para a defesa ocorreria em ambas as hipóteses.

A regra do art. 316, portanto, não deve ser aplicada quando a parte for defendida por órgão ou agente prestador de assistência judiciária.

4.5. Assistente técnico remunerado pelo Estado

Tema não referido na legislação é a possibilidade de ser indicado assistente técnico ao assistido, sem ônus para este, quando a prova pericial for necessária.

Mesmo ante a falta de previsão legal, entendemos que a efetiva participação na relação processual deve ser garantida ao assistido, e para tanto, se se fizer necessária a produção de prova pericial, deve o carente ter para si um assistente técnico, a fim de equilibrar os pólos da relação processual.

Ora, o assistente técnico é necessário no processo para dar subsídios à parte, no que tange à matéria relativa ao seu conhecimento específico. Assim como a parte necessita dos conhecimentos jurídicos do advogado, para bem atuar no processo, da mesma forma necessita dos conhecimentos do *expert* para poder compreender e, se for o caso, impugnar o laudo do perito oficial. Neste sentido, as modificações introduzidas no Código de Processo Civil pela Lei n° 8.455/92 deram ao assistente técnico uma posição bem mais clara, no sentido de que é muito mais assistente da parte do que auxiliar do juízo.

Assim, para que os litigantes atuem no processo com *paridade de armas*, o carente deve contar com um assistente técnico, que poderá ser nomeado pelo juiz, que arbitrará valor para seus honorários a serem pagos pelo Estado. Melhor solução para o problema, porém, seria o órgão prestador de assistência judiciária contar em seus quadros com profissionais habilitados a funcionar como perito assistente.

5. O beneficiário

Passemos a analisar quem tem o direito aos benefícios de assistência jurídica e de justiça gratuita.

De acordo com a Constituição Federal, é requisito para a obtenção destes benefícios a "insuficiência de recursos". O parágrafo único do art. 2° da Lei n° 1.060/50 define quem pode pleitear a gratuidade: "Considera-se necessitado, para os fins legais, todo aquele cuja situação econômica não lhe permita pagar as custas do processo e os honorários de advogado, sem prejuízo do sustento próprio ou da família".

Antes de prosseguir, porém, uma distinção há de ser feita, entre o conceito de necessitado econômico e necessitado jurídico. Enquanto que, perante a Justiça Civil e para a prestação de serviços jurídicos extra-processuais, levamos em consideração o conceito de necessitado econômico (aquele que não possa pagar pelo serviço, nem pelas despesas do processo, sem prejuízo do sustento próprio e de sua família), perante a Justiça Penal devemos considerar o conceito de necessitado jurídico. Como salienta Ada Pellegrini Grinover, na medida em que o processo penal é necessário para que haja condenação, e sendo o contraditório necessário e obrigatório, o acusado, rico ou pobre, é necessitado de serviço jurídico para poder se defender. Independentemente de sua situação econômica, caso não se apresente no processo-crime defendido por advogado constituído, será considerado necessitado jurídico, devendo ser considerado beneficiário da assistência.[108]

Assim, temos dois tipos de necessitado, que fazem jus à qualidade de beneficiários da assistência jurídica: o necessitado jurídico, entendido como sendo o acusado penal, desde que não apresente defensor por ele constituído, e o necessitado econômico, na acepção já mencionada, para o campo não penal.

Prosseguiremos para melhor explicar o conceito de necessitado econômico, posto que o necessitado jurídico é facilmente individualizado.

O conceito de necessitado não é determinado mediante regras rígidas, matemáticas, não se utilizando limites numéricos determinados. Têm direito ao benefício aqueles que não podem arcar com os gastos necessários à participação no processo, na medida em que, contabilizados os seus ganhos e os seus gastos com o próprio sustento e da família, não lhe reste numerário suficiente para tanto. O direito ao benefício decorre da indisponibilidade financeira do sujeito.

Em face da notória insuficiência do salário mínimo vigente em nosso país,[109] pode ser possível presumir que aquele que aufere até

---

108 "Não pode haver sentença condenatória sem que o juiz tenha aferido o efetivo exercício da defesa e do contraditório, visto este como paridade de condições, como paridade que não pode satisfazer-se com um contraditório meramente eventual; deve estimular o contraditório para que, da tese e da antítese, possa ele imparcialmente formar a síntese. E, por isso mesmo, necessita esse juiz de um ofício da defesa tão bem estruturado quanto o da acusação. Agora, não cabe ao Estado indagar se há ricos ou pobres, porque o que existe são acusados que, não dispondo de advogados, ainda que ricos sejam, não poderão ser condenados sem uma defesa efetiva. Surge, assim, mais uma faceta da assistência judiciária, assistência a necessitados, não no sentido econômico, mas no sentido de que o Estado lhes deve as garantias do contraditório e da ampla defesa" (Ada Pellegrini Grinover, "Assistência Judiciária e Acesso à Justiça", *in Novas Tendências do Direito Processual*, p. 246.

109 Desde maio de 1995, quando o salário mínimo foi fixado para R$ 100,00, finalmente superou-se a faixa dos US$ 100,00. Tal valor, porém, ainda é muito inferior ao necessário para suprir as necessidades básicas de uma família com moradia, alimentação, educação, saúde, lazer, vestuário, higiene, transporte e previdência social, como prescreve a Constituição Federal.

cinco salários mínimos, por exemplo, é quase que certamente merecedor de usufruir dos benefícios. Mas, como dissemos, não se deve utilizar números fechados como critério. Um chefe de uma família numerosa, que pague aluguel, e que tenha filhos em idade escolar, por exemplo, mesmo percebendo o equivalente a dez salários mínimos pode não ter condições de arcar com as despesas de um processo. De outro lado, um jovem que viva com os pais, os quais provêem o seu sustento, moradia e estudo, e que ganhe uns dois ou três salários mínimos que não são empregados em qualquer despesa essencial para sua mantença, pode não ser considerado beneficiário.[110]

O patrimônio daquele que postula a gratuidade, a menos que notoriamente vultoso, não é parâmetro para se determinar a condição de necessitado. O fato de ter um bem imóvel, ser titular de linha telefônica, ou possuir automóvel, não impede a concessão do benefício.[111] Ora, se mesmo tendo um bem imóvel, os rendimentos da parte não lhe são suficientes para arcar com custas e honorários sem prejuízo do sustento, tal propriedade não é empecilho à concessão da gratuidade. Não é nem um pouco razoável pretender que a pessoa se desfaça do imóvel que mora para arcar com os custos do processo. Nem se deve presumir que a propriedade sobre um imóvel seja sinal exterior de riqueza, apto a afastar o benefício.[112]

Pedimos escusas se estamos nos valendo demais da casuística, mas, insistimos, a condição de necessitado é algo a ser avaliado caso a caso. Assim, trabalhemos sobre mais algumas hipóteses. A propriedade sobre, digamos, três imóveis, impediria a gratuidade? E se seus proprietários forem um casal de idosos, que recebam uma mísera aposentadoria da Previdência Social - regra triste do nosso sistema previdenciário -, residam num dos imóveis e do aluguel que recebem

---

[110] "Não é o *quantum* percebido, considerado isoladamente, que define a necessidade da justiça gratuita, e sim um conjunto de circunstâncias." (*RT*, vol. 615, p. 180).

[111] *RJTJ-SP*, vol. 93, p. 171, vol. 99, p. 282, vol. 116, p. 437 e vol. 117, p. 190; *RT*, vol. 590, p. 226 e vol. 599, p. 78.

[112] "O argumento invocado de ofício pelo Dr. Juiz, de que estão sendo inventariados três imóveis, é irrelevante, porque o art. 4º da Lei 1.060 se refere apenas a rendas ou vencimentos, pois bens imobilizados não matam a fome de uma família" (*RT* , vol. 559, p. 191)

pelos outros dois obtenham apenas o suficiente para o seu sustento, não tendo qualquer outra fonte de renda ? Sem hesitação, afirmamos que nestas circunstâncias há o direito à gratuidade. Afronta o senso comum de justiça esperar que tais pessoas se desfaçam destes bens, dos quais extraem seu sustento, para arcar com as despesas processuais. De outro lado, tendo rendimentos que permitam arcar com as despesas do processo, sem prejuízo do seu sustento, não se pode conceder o benefício a alguém pelo simples fato de não ser proprietário de qualquer imóvel, residindo em imóvel locado.

A natureza da ação ou o tipo de pedido formulado não podem também ser utilizados como critério para a concessão da gratuidade. Não há qualquer relação entre o bem da vida pleiteado e a possibilidade, no presente, de arcar com as despesas e honorários. Desta forma, não se deve pura e simplesmente indeferir o benefício pelo fato de se tratar de ação de usucapião de imóvel,[113] ou de inventário,[114] ou de cobrança de quantia volumosa. O que até pode ocorrer, em situações tais, é a perda da condição de beneficiário *após* a demanda, se a parte for vencedora. Mas, até que obtenha o bem da vida pleiteado - e *se* o obtiver -, a parte não terá condições de arcar com as despesas, fazendo jus ao benefício. E, além disso, sendo vencedora a parte beneficiária, mesmo que isso a faça perder a condição de necessitada, não lhe caberá arcar com as custas do processo, mas sim à parte contrária, vencida. Apenas no caso de inventário, se os bens transmitidos forem de tal monta que retirem do sucessor a qualidade de beneficiário, pode-se admitir que sejam devidas as custas, a final.

Não se exige, igualmente, que a ação seja urgente, para que o benefício seja concedido.[115] Para qualquer que seja o fim pretendido, a concessão da gratuidade será sempre devida, preenchida a condição de pobreza legal. Algumas ações já são previamente gratuitas, como as ações de alimentos e de acidentes do trabalho. Para as reclamações trabalhistas, há a dispensa do trabalhador de adiantar as custas. Não há,

---

[113] *RJTJ-SP*, vol. 128, p. 322 e *RT*, vol. 531, p. 94.

[114] *RJTJ-SP*, vol. 101, p. 276 e *RT*, vol. 544, p. 103.

[115] *RJTJ-SP*, vol. 98, p. 175.

porém, algum tipo de ação ou de direito material que possa, por si só, impedir a concessão do benefício.[116]

Assim, temos como regra que a condição de necessitado decorre da inexistência de saldo positivo suficiente no confronto entre os rendimentos da pessoa, de um lado, e, de outro, as despesas que faz com o sustento próprio e de sua família, num padrão mínimo de dignidade. O conceito de pobreza, portanto, não quer dizer indigência ou miséria absoluta.[117] Excepcionalmente, a existência de algum patrimônio pode excluir do conceito de beneficiário alguém que não tenha o *saldo positivo suficiente* a que nos referimos. Mas isto somente ocorrerá na hipótese de existir um patrimônio razoável, e que tal patrimônio não seja a fonte da qual a pessoa retire o seu sustento; neste caso, mesmo que seus rendimentos sejam insuficientes, por si, para arcar com as despesas do processo, não é injusto admitir que se venda parte deste patrimônio para fazer frente a tais despesas. Em casos tais, entendemos que não há o direito ao benefício.

---

[116] Em *RT*, vol. 547, p. 66, encontramos uma hipótese curiosa de indeferimento da gratuidade pelo juiz singular, por decisão que veio a ser reformada pelo Tribunal, que, no próprio acórdão, determinou a remessa de cópia da sentença ao Conselho Superior da Magistratura: "O pedido foi indeferido pela sentença de fls., declarando o MM. Juiz que não vislumbrava a necessidade de conceder o benefício pleiteado 'em causas como queixas crimes, que visam a estimular querelas entre pessoas', bem como aquelas para 'anulação de casamento ou separação judicial', por não lhe parecer justo que 'a própria Justiça venha a estimular e facilitar o término de sociedades conjugais legitimamente constituídas'".

[117] "O reconhecimento do estado de necessidade, para efeito de outorga do benefício da assistência judiciária, impõe aferição pragmática e dispensa demonstração do estado de extrema penúria ou pobreza franciscana" (*RT*, vol. 586, p. 127). Tal entendimento não é recente, como se depreende das lições de Jorge Americano: "Pela discussão havida na Comissão do Código, se vê que as idéias sociais hoje correntes afetaram a linguagem corrente; mas já na aplicação do Código Penal, desde a monarquia, a expressão miserabilidade não significava indigência, de sorte que os tribunais sempre a consideraram como impossibilidade de suportar as despesas do processo. Para alcançar a assistência, não é preciso que o indivíduo viva da caridade pública, basta que esteja colocado na contingência de, ou deixar perecer o seu direito por falta de meios para fazê-lo valer em juízo, ou ter que desviar para o custeio da demanda e constituição de patrono os recursos indispensáveis à manutenção própria, e dos que lhe incumbe alimentar" (*Comentários ao Código de Processo Civil e Comercial do Estado de São Paulo*, Ed. Saraiva e Comp, 1934).

Estas linhas que traçamos no sentido de melhor esclarecer o conceito de necessitado aplicam-se somente às pessoas naturais. Para as pessoas jurídicas, entendemos possível a obtenção do benefício, apesar da existência de certa resistência por parte da jurisprudência.[118], [119], [120].

Obviamente, os requisitos para a obtenção devem ser diversos, uma vez que o próprio conceito legal de necessitado não se ajusta para estas pessoas, pois seria desprovido de senso dizer que uma pessoa jurídica não possa arcar com as custas sem prejuízo de seu sustento e de sua família!

A solução para o problema deve ser encontrada mediante o seguinte raciocínio: se houver um caso concreto em que a não-concessão da gratuidade implique inevitavelmente lesão aos princípios processuais constitucionais, a gratuidade deve ser concedida, ainda que o conceito legal de necessitado não se coadune com aquele que postula o benefício, pois a definição legal não se superpõe àqueles princípios superiores.

---

[118] Anote-se que a legislação atual sobre a gratuidade não exclui expressamente a possibilidade da pessoa jurídica obter o benefício, como ocorria na legislação brasileira anterior. O decreto n° 2457, de 1897, em seu art. 3° negava "às corporações e associações de qualquer espécie". Os Códigos estaduais de São Paulo e da Bahia também continham expressa proibição, respectivamente, no art. 65, parágrafo único, e no art. 43.

[119] A concessão à pessoa jurídica foi admitida, por maioria, pelo TJ-RJ, em *RT*, vol. 539, p. 184; porém, em sede de embargos infringentes a concessão acabou sendo negada, em *RT*, vol. 543 p. 209. Ainda contra, citamos *RJTAC-SP*, vol. 85, p. 15 e *RT*, vol. 641, p. 174.

[120] No direito comparado, porém, não é estranha a concessão da gratuidade às pessoas jurídicas. No direito francês, há esta possibilidade (Philippe Thery, "Access to justice in France", *in Access to Justice - a World Survey*). Berizonce (*in* ob. cit.) menciona que o direito francês admite tal concessão às *"personas morales que no persigan fines de lucro siempre que justifiquen que sus ingresos mensuales son inferiores a 900 francos, en cuyo caso reciben la ayuda total"*. Também na Alemanha, a pessoa jurídica pode obter o benefício (ver Francisco de Paula Xavier Neto, "Notas sobre a justiça na Alemanha", *in Revista de Processo* n° 27, p. 86), e na Áustria (ver Bernard Konig, "Igualdade de chances na sala de audiência e fora dela - da sua situação do ponto de vista austríaco", *in Revista de Processo* n° 7, p. 111).

Assim entendendo, é possível traçar um perfil genérico de pessoa jurídica que não tenha meios de participar do processo, a menos que lhe concedam a gratuidade. Podem fazer jus ao benefício pessoas jurídicas desprovidas de patrimônio, ou que tenham patrimônio reduzido ou inalienável, que não tenham finalidade lucrativa, nem remunerem seus associados nem lhes prestem serviços, mas que tenham por fim atividades filantrópicas, assistenciais, ou sejam reconhecidas como entidades de utilidade pública. Tais entidades, via de regra, além de suprirem funções mal desempenhadas pelo Estado, não têm como obter recursos para custear uma demanda judicial. Negar o benefício a tais pessoas jurídicas poderá implicar vedar-lhes por completo o acesso à justiça. O que não se pode admitir é a concessão do benefício a entidades que tenham finalidade lucrativa, ainda que deficitárias, ou que, embora não visem à obtenção de lucro, sirvam aos seus associados, como, por exemplo, os clubes e associações desportivas. No primeiro caso, se a empresa não tiver como pagar, que os sócios invistam mais capital na sociedade, ou, ao menos, arquem com as despesas com o processo. No segundo caso, igualmente, a pessoa jurídica que transfira, de algum modo, o encargo a seus associados, cobrando ou aumentando o valor das taxas, mensalidades ou contribuições. Acrescentamos, porém, que o perfil de pessoa jurídica apta ao benefício não é obtido mediante critérios rígidos, da mesma forma que para as pessoas naturais. A necessidade de obter o benefício deve ser sempre aferida pelo juiz, diante do caso concreto. Se constatada a impossibilidade de litigar em juízo, a menos que gratuitamente, o benefício deve ser concedido.

Outra possibilidade que pode ser extraída do art. 13 da Lei n° 1.060/50, interpretado à luz dos princípios constitucionais, é a concessão parcial do benefício da justiça gratuita, ou seja, a permissão judicial para antecipação apenas parcial das custas.[121] Em algumas

---

[121] No direito inglês, existe a isenção parcial para litigantes com rendimentos modestos, que devem arcar com gastos proporcionais a sua situação econômica. Cf. I. H. Jacob, *"Access to Justice in England"*, *in Access to Justice - a World Survey*; Roberto O. Berizonce, ob. cit.). No Estado de São Paulo, a Lei Estadual n° 4.952/85 faz menção ao recolhimento parcial da taxa judiciária, em seu art. 4°, §4°, que dispõe: "O recolhimento da primeira parcela da taxa será diferido para final: (...) V- quando comprovada a momentânea impossibilidade financeira de seu recolhimento total ou parcial."

situações, embora a parte não seja, em absoluto, necessitada, é possível que não possa fazer frente às despesas de determinado processo, caso tais despesas sejam por demais volumosas e, conseqüentemente, desproporcionais a seus rendimentos. Assim, uma pessoa, mesmo fazendo parte da classe média, pode não ter como pagar sequer custas iniciais relativas a processo em que venha demandar bens de valor desproporcionalmente elevado. Igualmente, a exigência da antecipação integral das custas levaria à denegação do acesso à justiça.

Em casos tais, a serem prudentemente analisados pelo juiz, poderá a parte gozar de uma isenção ou dispensa parcial das custas processuais, adequando-as às possibilidades da parte. Tal isenção parcial deve ser entendida restritivamente, nela não se compreendendo, obviamente, a assistência jurídica, nem a dispensa da exigibilidade dos ônus da sucumbência, caso a parte dispensada seja vencida. Entendemos, apenas, que a verba decorrente da sucumbência deve ser fixada moderadamente, a fim de que o receio causado pela possibilidade de derrota não venha a inibir demasiadamente o exercício do direito de ação.

Esta possibilidade de uma gratuidade parcial, ou de fixação de custas e honorários em valores compatíveis com as condições econômicas da parte pode ser extraída do art. 13 da Lei nº 1.060/50, que diz que "se o assistido puder atender, em parte, as despesas do processo, o Juiz mandará pagar as custas que serão rateadas entre os que tiverem direito ao seu recebimento". A não-menção, no texto do art. 13, acerca dos honorários advocatícios, é devida ao fato de que tal dispositivo ainda vige em sua redação original, criada sob a égide do Código de 1939, que não fixava condenação em honorários como a temos hoje, conforme já mencionamos anteriormente. Uma leitura atual do artigo abre ensejo a interpretá-lo como concessivo de um benefício parcial, a que fazem jus aqueles que, embora não sejam de todo pobres, não possam arcar com todas as custas de um determinado processo, que se mostre dispendioso. O acesso à justiça, igualmente, não lhes pode ser negado, daí a necessidade de uma fixação eqüitativa das despesas processuais, seja no momento de adiantá-las, seja como verbas decorrentes da sucumbência.

6. Procedimento para concessão do benefício

6.1. Concessão de assistência jurídica

A todos aqueles que, nos termos do item anterior, forem considerados carentes de recursos, tem o Estado o dever de prestar assistência jurídica integral e gratuita. Configurada a condição de carente de recursos, tem o sujeito direito a ser atendido pelo órgão estatal prestador do serviço. Nos termos da Constituição Federal, a assistência jurídica integral e gratuita deve ser prestada aos que "comprovarem"[122] insuficiência de recursos. Não se pode, porém, exigir do carente prova muito minuciosa da condição de pobre, a ponto de dificultar por demais o acesso ao serviço. Se uma exaustiva prova da condição de pobreza for exigida, muito poucos serão atendidos em tempo hábil. O excesso de rigores ao apurar a condição de pobreza afasta-se da simplicidade que deve ter o sistema, para bem funcionar, atendendo prontamente aos seus fins.

Isto não quer dizer, todavia, que nenhum controle deva ser exercido pelo órgão prestador de assistência jurídica. Deve-se, pelo contrário, evitar que aqueles para quem o serviço não foi dirigido dele usufruam em detrimento do atendimento aos realmente carentes. Mas, para ter acesso ao serviço, num primeiro momento, entendemos suficiente uma triagem sócioeconômica feita imediatamente, com base nas declarações daquele que se dirigiu ao órgão prestador. Em tal triagem, seria verificado se a pessoa se encaixa no conceito de beneficiário, tal qual exposto anteriormente. Se, posteriormente, for verificado que os fatos declarados eram inverídicos, a fim de esconder situação econômica avantajada e incompatível com o benefício prestado, alguma sanção poderia ser aplicada, desde que previamente ciente o declarante de que a inveracidade das informações prestadas a implicaria. Tal sanção pode ser desde uma simples renúncia ao patrocínio da causa, até a aplicação de uma multa pecuniária, revertida para o Estado pelo uso indevido dos seus serviços.

---

[122] Devemos lembrar que a Constituição do Estado de São Paulo substituiu a palavra "comprovarem" por "declararem", simplificando com isso a aferição da condição de carente pelo órgão prestador.

O que não se pode, efetivamente, é tornar o serviço inacessível, na prática, mediante exigências excessivas de difícil cumprimento pelo carente. Ademais, a prática no atendimento nos tem demonstrado que, na esmagadora maioria dos casos, a qualidade de carente de recursos é facilmente perceptível à primeira vista, ou em uma primeira conversa, uma vez que a pobreza econômica vem quase sempre acompanhada de pobreza social e cultural.

6.2. Concessão de justiça gratuita

Ao falarmos do procedimento de concessão de assistência jurídica, utilizamos a expressão "procedimento" em um sentido vulgar, diverso daquele que o Direito Processual empresta ao vocábulo. Além de extraprocessual, a aferição da condição de pobre pelo órgão prestador deve ser simplificada, não se verificando a instauração de um verdadeiro "procedimento". A declaração do assistido, afirmando a condição de pobreza deve ser o bastante para tanto.

De fato, como já foi dito anteriormente, a concessão ou não da prestação de assistência jurídica é decisão que compete ao órgão prestador do serviço, não sendo isto que se coloca ao juiz, no processo. O juiz, embora possa determinar ao órgão prestador, ou a algum advogado, que atenda o carente, o faz como autoridade judicial que é, e não como decorrência de uma atividade jurisdicional desenvolvida no processo. A decisão de caráter processual, que se coloca diante do juiz, está relacionada com a concessão, ou não, da justiça gratuita, ou seja, da mera gratuidade processual, ou isenção de custas e demais despesas com o processo. Mesmo porque não pode o juiz proibir os órgãos prestadores de assistência jurídica de atender a parte.

Assim, se utilizarmos rigor terminológico, só há procedimento para a concessão de justiça gratuita, pois apenas esta é resolvida no processo. A concessão do serviço de assistência jurídica pelo órgão prestador é ato de natureza administrativa, e não jurisdicional. Está, entretanto, sujeita ao controle jurisdicional, como os demais atos administrativos (o que poderia ocorrer, por exemplo, ante a injustificada recusa do Estado em prestar a assistência ao carente de recursos).

6.2.1. O pedido de justiça gratuita

O pedido de justiça gratuita, com o correr dos anos, veio sendo cada vez mais simplificado, a fim de facilitar o acesso do carente à justiça, suprimindo-se certas formalidades que, de fato, só serviam para trazer dificuldades e embaraços desnecessários.

O Código de 1939 tratava do benefício da justiça gratuita nos arts. 68 a 79. Nos termos do art. 72 do Código anterior, a parte que requeresse o benefício deveria mencionar na petição "o rendimento ou vencimento que percebe e os seus encargos pessoais e de família", sendo as declarações falsas puníveis "na forma da lei penal", segundo o parágrafo único do mesmo artigo. O pedido deveria ser acompanhado por atestado de pobreza fornecido pelo serviço de assistência social ou pela autoridade policial (art. 74).

Anteriormente, ainda, à Lei nº 1.060/50, o Decreto-Lei nº 5.335/43 regulava a concessão de assistência judiciária somente aos servidores da União, e, ainda assim, em circunstâncias especiais, nele previstas.[123] O procedimento para concessão da assistência judiciária era bastante formalista. Deveria o pedido, primeiramente, ser encaminhado pelo chefe da repartição, onde o servidor estivesse lotado, ao respectivo órgão de pessoal, que decidiria sobre o atendimento.[124] Se a decisão fosse favorável, o órgão de pessoal oficiaria ao Procurador Geral da República que, por sua vez, designaria um dos membros do Ministério Público Federal para funcionar como advogado do

---

[123] Eis o texto do art. 1º deste diploma legal: "Art. 1º - Ao servidor da União, funcionário ou extranumerário, que, no exercício de suas atribuições ou em razão delas, for vítima de crime ou responder a processo, poderá ser concedida assistência judiciária. Parágrafo 1º - A assistência poderá exercer-se: a) mediante intervenção na ação penal intentada pelo Ministério Público, de acordo com o disposto nos arts. 268 e 271 do Código de Processo Penal; b) para efeito da reparação do dano, no Juízo Cível, nos termos dos artigos 63 e 64 do mesmo Código; c) em defesa do servidor, em processo penal ou civil, quando, a juízo da Administração, houver interesse público em assisti-lo". É interessante notar que, em nenhum momento, fala-se no requisito pobreza, como condicionante da concessão do benefício; por outro lado, nos termos da letra *c*, do § 1º, a concessão do benefício era ato discricionário da Administração, e não um direito da parte.

[124] Art. 3º, DL nº 5.335/43.

servidor.[125] A portaria de designação servia como substituto do instrumento de mandato, habilitando o membro do Ministério Público a representar o servidor em juízo,[126] mas se o servidor preferisse ser patrocinado por advogado próprio, com isenção de custas, apenas, deveria apresentar em juízo a certidão do despacho do órgão de pessoal ou da folha do Diário Oficial que o houvesse publicado, não sendo necessário oficiar ao Procurador Geral da República.[127]

A Lei n° 1.060/50, por sua vez, melhor regulou o benefício, mostrando-se mais abrangente e mais detalhada do que o Código de 1939.

Em sua redação original, a concessão da gratuidade era regulada no art. 4°. O requerimento deveria ser feito por petição, na qual deveriam constar os rendimentos percebidos pelo requerente e os encargos próprios e os da família. A petição deveria, ainda, ser instruída com "atestado de que conste ser o requerente necessitado, não podendo pagar as despesas do processo". Tal atestado deveria ser expedido pela autoridade policial ou pelo Prefeito Municipal, sendo que, nas capitais dos Estados e no Distrito Federal, o Prefeito poderia delegar tais funções a outra autoridade por ele designada.

Em 1968, a Lei de Alimentos[128] criou regras próprias para a concessão da gratuidade, apenas no âmbito das ações ali previstas. Assim, segundo o § 2° do art. 1° daquela Lei, basta "a simples afirmativa" da condição de necessitado, que é presumida como verdadeira (art. 1°, § 3°). Somente 18 anos depois, em 1986, tal procedimento seria estendido para o pedido de gratuidade nas causas em geral, dando-se nova redação ao art. 4° da Lei n° 1.060/50. Esta nova redação, que hoje vige, é bastante próxima à da Lei de Alimentos, tendo o mesmo sentido, embora as palavras se encontrem noutra ordem. Antes, porém, de chegar a tal grau de simplificação, a Lei n° 1.060/50 recebeu outras alterações, estabelecendo uma evolução paulatina.

---

[125] Art. 3°, § 1°.
[126] Art. 3°, § 2°.
[127] Art.3°, § 3°.
[128] Lei n° 5.478/68.

No campo trabalhista, foi promulgada, em 1970, a Lei nº 5.584, concedendo a assistência "a todo aquele que perceber salário igual ou inferior ao dobro do mínimo legal, ficando assegurado igual benefício ao trabalhador de maior salário, uma vez provado que sua situação econômica não lhe permite demandar, sem prejuízo do sustento próprio ou da família".[129]

No sentido de diminuir o rigor das exigências para a concessão do benefício, a Lei nº 6.654/79 acrescentou um terceiro parágrafo ao art. 4º da Lei nº 1.060/50. Por este parágrafo, "a apresentação da Carteira de Trabalho e Previdência Social, devidamente legalizada, onde o Juiz verificará a necessidade da parte, substituirá os atestados exigidos nos §§ 1º e 2º deste artigo".

Cinco meses depois, a Lei nº 6.707/79 modificou o § 1º do art. 4º, que ficou com a seguinte redação:

"A petição será instruída por um atestado de que conste ser o requerente necessitado, não podendo pagar as despesas do processo. Este documento será expedido, isento de selos e emolumentos, pela autoridade policial ou pelo Prefeito Municipal, sendo dispensado à vista de contrato de trabalho comprobatório de que o mesmo percebe salário igual ou inferior ao dobro do mínimo legal regional".

Tal emenda ao texto da Lei nº 1.060/50 tornou-a confusa. Não houve menção expressa quanto à revogação do § 3º, recém-acrescentado, deixando dúvidas acerca da sua vigência, e levando a conseqüências diversas, conforme a interpretação dada. A dispensa do atestado de pobreza, nos termos do § 3º, ficava ao prudente arbítrio do juiz, à vista dos rendimentos constantes da CTPS da parte requerente do benefício. Pelo texto do § 1º, com a modificação sofrida, dispensava-se o atestado a partir de um critério objetivo: perceber salário inferior ao dobro do mínimo regional. Não vemos incompatibilidade entre os parágrafos, com esta modificação. O § 1º dispensava o atestado mediante o critério objetivo de não perceber mais de dois salários mínimos. Mas, uma observação deve ser feita para evitar possíveis confusões: o teto de dois salários mínimos dispensava

---

[129] Lei nº 5.584/70, art. 14, § 1º.

o carente de *provar* a pobreza mediante atestado; não se tratava, pois, de teto para a concessão da gratuidade. Se percebesse mais de dois salários mínimos, mesmo assim faria jus ao benefício se se encaixasse no conceito de necessitado. Apenas que, neste caso, deveria haver a prova mediante o atestado de pobreza. E, estando em vigor o § 3°, mesmo assim o juiz poderia, a seu prudente arbítrio, dispensar o atestado de pobreza ante a exibição da CTPS. Tais alterações tornaram o procedimento semelhante àquele previsto na Lei n° 5.584/70, aplicáveis perante a Justiça do Trabalho, uniformizando os critérios para a concessão da gratuidade.

Orientada pelos ideais de desburocratização do serviço público então propugnados pelo Governo Federal, a Lei n° 7.115/83 determinou que o atestado de pobreza, entre outros, fosse substituído por declaração firmada pelo próprio interessado, que seria presumida como verdadeira.[130] Assim, o atestado de pobreza fornecido pelas autoridades públicas foi substituído por declaração assinada pelo próprio carente, que instruía o pedido de justiça gratuita.

Mais simples se tornou, ainda, o pedido, com a Lei n° 7.510/86, que atribuiu nova redação ao art. 4° e seus §§ 1° e 2°, sendo esta a regra que está hoje em vigor. Atualmente, nos termos do art. 4° e parágrafos da Lei n° 1.060/50, com redação dada pela Lei n° 7.510/86, basta a "simples afirmação, na própria petição inicial, de que não está em condições de pagar as custas do processo e os honorários de advogado, sem prejuízo próprio ou de sua família". Enfim, nenhuma prova é exigida para pleitear o benefício, bastando a declaração da parte, que se presume verdadeira, nos termos do § 1° do mesmo artigo, que estabelece como sanção para a declaração falsa o pagamento de até o décuplo das custas judiciais. Somente a partir desta Lei, portanto, que tais regras, já aplicáveis para a ação de alimentos, foram incorporadas para o pedido de gratuidade em geral. Com a modificação, embora não o diga expressamente a Lei n° 7.510/86, o § 3° do art. 4° foi revogado,

---

130 Lei n° 7.115/83, art. 1°: "A declaração destinada a fazer prova de vida, residência, pobreza, dependência econômica, homonímia ou bons antecedentes, quando firmada pelo próprio interessado ou por procurador bastante, e sob as penas da lei, presume-se verdadeira".

por incompatível com a nova redação dada ao *caput* e seus dois parágrafos.

Certa impropriedade, todavia, contém o *caput* do art. 4°, supra citado, embora não suficiente para impedir o correto entendimento da norma. Ao dizer "petição inicial" esqueceu-se o legislador que o réu, por óbvio, pode também requerer o benefício. O que se pode perceber, com isso, é que não houve grande apuro técnico ao elaborar-se a regra do art. 4° ora vigente.

Em ambos os casos, seja formulando o pedido de gratuidade na petição inicial ou na contestação, não há autuação em separado. O pedido é resolvido nos próprios autos do processo. Este é o significado que podemos extrair do art. 4° da Lei n° 1.060/50.

Outro problema interpretativo que podemos apontar na Lei n° 1.060/50 diz respeito ao pedido formulado no curso do processo. Tal pedido é permitido pelo art. 6° da Lei, que mantém a mesma redação original. Porém, conforme o pedido de concessão foi sendo simplificado, mediante leis posteriores, este art. 6° deveria ter sido adaptado, para ficar em consonância com o novo sistema. Ora, o artigo diz que o juiz pode "em face das provas, conceder ou denegar de plano o benefício de assistência" e que "a petição, neste caso, será autuada em separado". Com a simplificação feita pelas leis posteriores, não vemos porque o pedido de justiça gratuita formulado no curso do processo deva ter formalidades diversas daquelas exigidas *initio litis*. O procedimento previsto no art. 6°, portanto, não deve ser aplicado ao caso. Ao mencionar que o juiz concederá ou denegará o benefício em face das provas, o dispositivo se mostra defasado, por descuido do legislador em não adaptá-lo às novas exigências para a concessão do benefício da gratuidade. Mesmo no curso do processo, basta a mera declaração, feita na própria petição em que se solicita o benefício, não sendo de autuá-la em separado.

Analisada a recente evolução do pedido de justiça gratuita, reiteramos o que foi dito anteriormente acerca do inciso LXXIV do art. 5° da Constituição Federal. Ao dizer "comprovarem", a Lei Maior refere-se à concessão de assistência jurídica integral e gratuita, ou seja, um benefício muito mais abrangente do que a simples isenção de custas. Além disso, ante a paulatina simplificação do pedido, que se verificou ao longo dos anos, não se pode interpretar a regra constitucional como um retorno ao sistema anterior, mormente quando se trata de uma Carta que procurou valorizar os direito sociais e individuais da população.[131]

6.2.2. A impugnação pela parte contrária

A concessão de justiça gratuita pode ser impugnada pela parte contrária. Nos termos do art. 7º da Lei nº 1.060/50, a impugnação pode ser feita a qualquer tempo, por petição, que será autuada em separado.

O fundamento para a impugnação deve ser "a inexistência ou o desaparecimento dos requisitos essenciais à sua concessão". Ou seja, o impugnante deve alegar que a parte contrária não se encaixa no conceito de beneficiário da gratuidade, tal qual definido acima: deve o impugnante demonstrar que o beneficiário ou não era pobre, ou deixou de sê-lo.

A Lei não traz maiores detalhes quanto ao procedimento da impugnação. Todavia, por respeito ao princípio do contraditório, o impugnado deve ter oportunidade de manifestar-se acerca do pedido de revogação do benefício formulado pela parte contrária. Deve, assim, o

---

[131] Neste sentido, citamos a seguinte decisão do STJ: "EMENTA: Assistência judiciária. Benefício postulado na inicial, que se fez acompanhar por declaração firmada pela autora. Inexigibilidade de outras providências. Não revogação do art. 4º da Lei nº 1.060/50 pelo disposto no inciso LXXIV do art. 5º da Constituição. Precedentes. Recurso conhecido e provido. 1. Em princípio, a simples declaração firmada pela parte que requer o benefício da assistência judiciária, dizendo-se 'pobre nos termos da lei', desprovida de recursos para arcar com as despesas do processo e com o pagamento de honorários de advogado, é, na medida em que dotada de presunção *iuris tantum* de veracidade, suficiente à concessão do benefício legal." E, no corpo do acórdão, acrescenta o relator: "Inexiste razão, *data venia*, em considerar-se o artigo 4º da Lei nº 1.060/50 não recepcionado pela vigente Constituição, apesar da imprecisa redação dada ao inciso LXXIV de seu artigo 5º. Continua a fazer jus ao benefício da assistência judiciária a parte que simplesmente declare, nos termos da lei, sujeitando-se à pena nela cominada (pagamento de até o décuplo das custas judiciais), se pobre, sem condições de arcar com as despesas do processo e honorários de advogado." (R. Esp. nº 38.124-0-RS, Rel. Min. Sálvio de Figueiredo Teixeira, *RSTJ*, vol. 57, p. 412). No mesmo sentido, citamos ainda *RSTJ*, vol. 7, p. 414.

magistrado, ante a impugnação oferecida pela parte contrária, abrir vista ao beneficiário para que se manifeste adequadamente, no prazo que assinar, ou na falta de fixação pelo juiz, no prazo de cinco dias, conforme o art. 185 do Código de Processo Civil.

Nos termos do art. 4º, §1º, da Lei nº 1.060/50, milita presunção de veracidade da declaração de pobreza em favor do requerente da gratuidade. Desta forma, o ônus de provar a inexistência ou o desaparecimento da condição de pobreza é do impugnante. Todos os meios de prova são admitidos, desde que idôneos a demonstrar a situação econômica incompatível com o benefício da gratuidade. Se necessária prova oral, pode o juiz designar audiência de instrução especialmente para esse fim.[132]

A Lei permite que a impugnação seja oferecida "em qualquer fase da lide". No que diz respeito ao desaparecimento da condição de carente no curso do processo, fica claro o sentido da permissão. Quanto à possibilidade de, a qualquer tempo, oferecer impugnação motivada na inexistência, desde o princípio, da condição de beneficiário, esta se justifica na medida em que a parte contrária pode não conhecer com precisão a condição econômica do requerente da gratuidade, de modo que, vindo a descobrir posteriormente fatos que demonstram existência de situação econômica avantajada, possa impugnar fundamentadamente a concessão do benefício. Não é certo, porém, afirmar que o tema não esteja sujeito à preclusão. Feita a impugnação e rejeitada pelo juiz, deve o impugnante, se quiser rever a decisão, oferecer o recurso cabível. Não recorrida a decisão, opera-se a preclusão, restando apenas a possibilidade de nova impugnação fundada na posterior perda da condição de carente, que, por basear-se em fato superveniente, não pode estar coberta pela preclusão. É vedado, contudo, oferecer nova impugnação renovando-se os mesmos argumentos que foram rejeitados anteriormente.

---

[132] Por analogia com as exceções instrumentais.

6.2.3. Decisão que julga o pedido de justiça gratuita

A concessão da gratuidade deve sempre ser deferida por ato decisório do juiz. Se este não se manifesta acerca do pedido de justiça gratuita formulado pela parte, convém reiterá-lo, a fim de obter decisão expressa sobre a questão. Esta nos parece a melhor solução para a aparente contradição entre o art. 4°, que teve redação dada pela Lei n° 7.510/86, e o art. 5°, que ainda vige em sua redação original. Do texto do art. 4°, isoladamente, seria possível extrair que a gratuidade independe de decisão judicial pois "a parte **gozará** dos benefícios da assistência judiciária mediante simples afirmação...". O art. 5°, porém, não revogado, determina que "o Juiz, se não tiver fundadas razões para indeferir o pedido, deverá julgá-lo de plano, motivando ou não o deferimento dentro do prazo de setenta e duas horas". Ficamos com o entendimento de que a gratuidade processual é uma questão processual que deve ser resolvida pelo juiz, e, nos termos do art. 5°, supratranscrito, deve fazê-lo expressamente.

Ainda que se pudesse entender que o art. 5° ficou totalmente revogado pela nova redação dada ao art. 4°, seria difícil admitir uma concessão automática, ou uma autoconcessão, do benefício, feita pela própria parte. Ainda que não houvesse, pela Lei, a necessidade de concessão expressa do benefício, não se pode deixar de ver que há uma questão posta diante do juiz e que tal questão deve ser por ele resolvida. O silêncio do juiz, neste caso, significaria que, mediante um juízo de valor, a gratuidade foi concedida; pois, do contrário, teria expressamente denegado o benefício. Não deixaria de existir, portanto, um julgamento por parte do juiz, apenas a forma de expressar sua decisão seria diferente: a denegação, por ato expresso; a concessão, mediante o silêncio.

Para que o juiz defira o pedido, nenhum procedimento mais é necessário, além do requerimento nos termos do art. 4° da Lei. Não há a necessidade de abrir vista à parte contrária, que pode, querendo, oferecer impugnação em apartado. A decisão que concede de plano a gratuidade pode ser dada de forma concisa, haja vista que a motivação será sempre a mesma, e decorre da Lei. Ao conceder, sucintamente, a gratuidade, implicitamente está o juiz a dizer que a pobreza é presumida ante a declaração prestada, e que não há motivos visíveis que a afastem. Desnecessário, assim, motivar longamente a concessão, não sendo de considerar-se nula a decisão que não o fizer.

Pode o juiz denegar o benefício *ex officio*, independentemente da impugnação da parte contrária, se nos autos houver elementos suficientes para demonstrar a inexistência da situação de pobreza. Assim como há o interesse público em conceder o benefício a quem dele necessite, a fim de garantir o acesso de todos à justiça, também há interesse público em não admitir que quem não seja pobre se utilize indevidamente do privilégio. Não pode o juiz, porém, negar a gratuidade sem que haja prova clara neste sentido. O benefício só pode ser denegado de ofício se houver prova inequívoca de que o postulante não se ajusta ao perfil de beneficiário da gratuidade. Tal prova em contrário pode até mesmo decorrer das próprias afirmações da parte que requer o benefício. Porém, se não se puder extrair dos autos plena certeza do descabimento do pedido de gratuidade, na dúvida, deve o juiz conceder o benefício de plano, pois prevalece a presunção de veracidade da afirmação de pobreza. Além disso, antes de indeferir de plano, é conveniente que o juiz peça esclarecimentos à parte acerca dos fatos que lhe pareceram incompatíveis com a concessão da gratuidade, atendendo, com isso, ao princípio do contraditório.

A natureza da decisão que defere ou denega o benefício é bastante controversa. O art. 17 da Lei nº 1.060/50, com redação dada pela Lei nº 6.014/73, fala em "sentença" que conceder o benefício, e determina que "caberá apelação das decisões proferidas em conseqüência da aplicação desta lei".[133]

A regra, porém, é contrária ao sistema estabelecido pelo Código de Processo Civil. Sentença, nos termos do art. 162, § 1º, da lei processual, "é o ato pelo qual o juiz põe termo ao processo, decidindo ou não o mérito da causa". O ato do juiz, que resolve o pedido de justiça gratuita, seja nos próprios autos do processo, seja em procedimento autuado em apartado, no caso de haver impugnação da

---

[133] A redação original determinava o agravo de instrumento como recurso cabível, se concessiva do benefício, ou agravo de petição, se denegatória. A Lei nº 6.014/73, ao adaptar leis extravagantes ao novo CPC, determinou o recurso de apelação como o adequado.

parte contrária, não é sentença, mas decisão interlocutória. Em nenhum dos dois casos o processo se extingue. Não vemos qualquer diferença, no fato de haver ou não autuação em separado, que possa justificar uma classificação diferente ao ato decisório. É que a impugnação, embora autuada em apartado, não dá origem a uma outra relação processual, mas apenas a um procedimento incidente. A decisão, portanto, encerra o procedimento incidente, mas não o processo, de modo que sentença não pode ser. A autuação em apartado guarda semelhança com outros procedimentos incidentes previstos no Código, como a exceção de incompetência e a impugnação ao valor da causa. E tais incidentes são resolvidos por decisão interlocutória.[134]

Ademais, entendemos que sentença é o ato que extingue a relação processual que tem base procedimental própria,[135] ou seja, é o ato que põe fim à relação jurídica processual e ao procedimento. O conceito de processo, por sua vez, não se resume apenas à relação jurídica Autor-Juiz-Réu, mas é "a síntese dessa relação jurídica progressiva (relação processual) e da série de fatos que determinam a sua progressão (procedimento)".[136] Dessa forma, extinguir o processo quer dizer extinguir ambos os aspectos que o compõem. Não é sentença o ato que encerra um procedimento incidente, nem é sentença o ato que extingue uma das relações jurídicas processuais existentes, mas não todas, caso em que o procedimento não se encerra.

A concessão de justiça gratuita produz efeitos a partir do momento em que o benefício foi requerido. Trata-se de decisão de

---

[134] Ver José Carlos Barbosa Moreira, *O Novo Processo Civil Brasileiro*, p. 53; José Joaquim Calmon de Passos, *Comentários ao CPC*, p. 296; Egas Dirceu Moniz de Aragão, *Comentários ao CPC*, p. 355.

[135] Neste sentido, leciona Vicente Greco Filho: "O conceito que melhor atende à finalidade do sistema e à própria natureza dos recursos é o que entende como sentença apenas o ato do juiz que põe fim a uma relação jurídica processual desde que dotada de base procedimental própria. A conjugação dos dois elementos é conveniente inclusive para objetivos práticos, porquanto, como se sabe, a apelação sobe nos próprios autos e, se ao processo (relação jurídica) falta base procedimental, ao recurso também faltará, forçando-nos, pois, a admitir como cabível o agravo que tem, em seu desenvolvimento, a formação de instrumento próprio" (*in Direito Processual Civil Brasileiro*, vol. 2, p. 291).

[136] Antonio Carlos de Araújo Cintra, Ada Pellegrini Grinover e Cândido Rangel Dinamarco, *Teoria Geral do Processo*.

natureza declaratória, e não constitutiva: o juiz não concede o benefício, mas sim reconhece - declara - que a parte tem direito à gratuidade. Assim, quaisquer pagamentos que devam ser feitos após o pedido de gratuidade tornam-se inexigíveis do beneficiário. Este fica isento de qualquer desembolso após o momento do requerimento. Mesmo que a custa ou a despesa seja relativa a ato anterior ao pedido, mas que não tenha sido paga até então, fica compreendida na isenção. Isto porque, desde que formulado o pedido de gratuidade, não tem a parte condições de fazer qualquer pagamento, senão com prejuízo do seu sustento. O fato de o ato ser anterior ao benefício não torna a situação diferente, nem faz com que o sustento atual do carente deixe de ser prejudicado. A concessão não irá, porém, retroagir para atingir pagamentos já feitos pelo beneficiário. Neste caso, é de se presumir que se o pagamento foi realizado é porque a parte tinha condições econômicas para tanto, não se podendo exigir a repetição dos valores pagos.

6.2.4. Recurso cabível

Não obstante a regra expressa do art. 17, da Lei n° 1.060/50, determinando que o recurso cabível contra o ato que julga o pedido de gratuidade é o recurso de apelação, grande controvérsia se estabeleceu a respeito, não havendo uniformidade nem doutrinária, nem jurisprudencial, sobre o tema.

Conforme dissemos acima, em qualquer situação, haja ou não autuação em apartado, a decisão não termina o processo, de modo que trata-se de decisão interlocutória, que, segundo o sistema recursal definido no Código, desafia recurso de agravo. Sem dúvida, a alteração feita pela Lei n° 6.014/73, que, curiosamente, buscava adaptar as leis extravagantes ao novo regime codificado, não foi feliz.

Ao que tudo indica, ao determinar a apelação como recurso cabível, a Lei n° 6.014/73 teve em vista os efeitos do recurso, e não a sua forma, adequação e procedimento. Fazendo uma análise da recente evolução histórica dos recursos aplicados à matéria, vemos que sempre houve a preocupação do legislador em que o recurso contra o deferimento do benefício não tivesse efeito suspensivo, a fim de permitir ao beneficiário permanecer isento das custas desde logo. Por seu turno, o recurso contra o indeferimento ou revogação do benefício sempre teve efeito suspensivo, não do andamento do processo, mas dos efeitos da decisão recorrida, permitindo ao beneficiado continuar a gozar das isenções até o julgamento.

Assim previa o revogado Código de 1939, que determinava como cabível o recurso de agravo de instrumento contra as decisões "que denegarem ou revogarem o benefício da gratuidade".[137] O agravo de instrumento, em regra, não era dotado de efeito suspensivo, mas, neste caso específico, dizia o Código que o recurso tinha o efeito de suspender "apenas a obrigação do pagamento das custas".[138] Não havia, por sua vez, recurso previsto para atacar a decisão que concedesse o benefício.

Com o advento da Lei nº 1.060/50, modificaram-se os recursos cabíveis, mas sempre mantendo a preocupação de permitir ao carente continuar a usufruir das isenções até julgamento superior. O art. 17, em sua redação original, determinava o agravo de instrumento como recurso cabível contra as decisões proferidas em conseqüência daquela Lei, salvo em caso de decisão denegatória do benefício. Passou-se a admitir, portanto, recurso da parte contrária, insurgindo-se contra a concessão da gratuidade. Tal recurso, porém, como regra, e ante a falta de qualquer ressalva, não tinha efeito suspensivo. Da decisão denegatória, por seu turno, o recurso cabível era o agravo de petição, dotado de efeito suspensivo.

Entrando em vigor o Código de 1973, o agravo de petição foi suprimido do sistema recursal, de modo que havia a necessidade de adaptação da Lei nº 1.060/50. E tal adaptação se deu para adotar a apelação como recurso cabível, tanto no caso de denegação como no de concessão do benefício, apenas que, neste último caso, "a apelação será recebida somente no efeito devolutivo". Vê-se, assim, que a preocupação do legislador voltou-se para os efeitos do recurso a ser interposto a fim de permitir que o requerente da gratuidade continue a atuar no processo sem fazer frente às despesas, incluindo-se o preparo

---

[137] DL nº 1.608/39, art. 842, inciso V.

[138] Art. 843, § 1º.

do próprio recurso por ele interposto em caso de denegação, até o julgamento final da questão. Isto se faz necessário para garantir ao beneficiário a sua atuação no processo. Exigir recolhimento de custas durante o processo, ou o preparo do próprio recurso, pode esvaziar o conteúdo e a finalidade deste. Como bem anota Luiz Paulo da Silva Araújo Filho,[139] ante a falta de efeito suspensivo do recurso a ser interposto pelo carente, "ver-se-ia a parte, enfim, na incômoda - se não desastrosa - situação de ter de pagar, para ver declarado o seu direito de não pagar, em virtude da hipossuficiência". Mais adiante, salienta o autor:

> *"Basta pensar, na possibilidade de a parte, temendo o risco de vir a suportar sanções decorrentes de sua inação e para dar andamento ao processo* com sacrifício de seu sustento, *pagar as despesas dos atos processuais, para depois ver seu recurso provido e declarado o seu direito, já irremissivelmente ferido, à gratuidade da justiça. Como seria reparado, acaso ainda fosse possível, o mal?"*

Apesar do acerto do legislador, ao atender à finalidade de garantir a isenção até o julgamento em segundo grau, é inegável que o recurso de apelação é inadequado ao caso. Em primeiro lugar, ao determinar a apelação contra uma decisão interlocutória, está em desacordo com o sistema recursal atual, que o legislador de 1973 tanto quis simplificar. Em segundo lugar, em algumas situações a inadequação do recurso pode trazer embaraços ao desenvolvimento do procedimento. No caso de haver autuação em apartado do incidente, embora seja atécnica, a apelação não causará grandes tumultos, pois poderá ser processada nos autos apartados do incidente; porém, no caso de decisão proferida nos próprios autos do processo principal - o que, aliás, ocorre na grande maioria dos casos, em face da redação atual do art. 4º[140] - o tumulto processual é evidente. Como processar tal apelação, se não nos próprios autos, remetendo-os à superior instância?.

Para resolver tais problemas, uma corrente jurisprudencial passou a entender *de lege ferenda* ser cabível o recurso de agravo de

---

[139] "Decisão que aprecia questão do direito à assistência judiciária - recurso cabível"; *in Revista de Processo*, nº 53.

[140] Redação dada pela Lei nº 7.510/86.

instrumento. Assim decidiu o 1º Tribunal de Alçada Civil de São Paulo:

> *"O oferecimento de apelação previsto no artigo 17 da Lei 1.060/50 pressupõe o procedimento em apartado do pedido de assistência judiciária, suspendendo, nessa hipótese, a decisão impugnada, e não o feito principal. Sendo processado o pedido no bojo da ação principal, a decisão que indefere não é terminativa, mas sim interlocutória, agravável de instrumento".*[141]

Esta posição, como se vê, buscou conciliar o art. 17 da Lei com o sistema processual em vigor. Nossa posição, porém, é no sentido de que, em qualquer dos casos, o recurso cabível é o de agravo.

Quanto ao problema da suspensividade do recurso - efeito que o agravo não produz -, este não é óbice à adoção do agravo. Ora, é perfeitamente possível, nestes casos, receber-se o agravo com efeito suspensivo. Ao adotar-se o agravo como recurso cabível, estamos, num esforço exegético, extraindo regra do *sistema*, posto que esta se mostra mais adequada que a norma expressa do art. 17. Ao extrair regra do sistema, temos que considerar o sistema como um todo. Assim, não se pode deixar de lado a *intenção* do art. 17 de dar efeito suspensivo ao recurso do beneficiado contra a decisão que denega ou revoga a gratuidade, nem os antecedentes históricos, e, principalmente, devemos nos orientar pelos princípios constitucionais que garantem o acesso à justiça, a isonomia, o contraditório e o direito à assistência jurídica integral e gratuita. Ademais, se a regra é a falta de efeito suspensivo ao agravo, exceções expressas existem[142] e, além disso, tem se tornado aceita a interposição de mandado de segurança para o fim de dar efeito suspensivo a recurso que não o tem, solução que, em casos extremos, se o juiz passar a exigir o recolhimento de custas, pode ser adotada.[143]

---

[141] *RT*, vol. 606, p. 131.

[142] Art. 558 do CPC.

[143] Em *RJTJ-SP*, vol. 124, p. 400, foi concedida a segurança para dar efeito suspensivo ao agravo interposto contra decisão que revogou o benefício. Em *RT*, vol. 577, p. 161, foi concedida a segurança contra a própria decisão, independentemente da interposição do recurso cabível: "é de se conhecer do *mandamus*, pois, se o interessado houvesse agravado, chegar-se-ia ao mesmo resultado, ou seja, deveria efetuar o preparo do recurso por determinação judicial".

Não podemos deixar de mencionar que, ao falar-se em efeito suspensivo do recurso, para sustar o pagamento das custas até decisão do incidente, tal expressão não deixa de assumir um significado impróprio. Quando se fala em efeito suspensivo, queremos nos referir à aptidão do recurso para suspender "toda a eficácia da decisão".[144] Tratando-se de decisão que negou o benefício, que deixou de conceder a gratuidade, o que há para suspender? Ora, em quaisquer outras situações análogas em que há uma decisão de indeferimento de alguma pretensão, o efeito suspensivo do recurso não significa que se possa obter aquilo que foi negado pelo juiz. Ao suspender a eficácia da decisão, o recurso apenas permite que a situação se mantenha como até então estava. Pensamos, mesmo, que a não exigência do recolhimento de custas, até o julgamento definitivo da questão, se dá muito mais em cumprimento das garantias constitucionais do que em decorrência dos efeitos que tenha o recurso. Ou seja, sendo decorrente de garantias constitucionais, e dadas as suas peculiaridades, a gratuidade só pode ser negada quando a questão estiver preclusa. Se do indeferimento houver interposição de recurso, a parte deve gozar do benefício até julgamento final da questão, sob pena de violação dos princípios constitucionais.

O que mais nos preocupa, de fato, é que, apesar de haver notória divergência jurisprudencial a respeito, os tribunais não têm aceito um recurso pelo outro, negando-se a aplicar o princípio da fungibilidade dos recursos.[145]

A melhor solução, sem dúvida, seria uma revisão geral no texto da Lei nº 1.060/50, para corrigir os desencontros nela existentes; até que tal revisão se faça, o princípio da fungibilidade dos recursos deve ser aplicado pelo órgão *ad quem*, conhecendo-se ambos os recursos.

---

[144] José Carlos Barbosa Moreira, *Comentários ao CPC*, vol. V.

[145] Embora a divergência jurisprudencial seja notória, curiosamente os tribunais entendem incabível a aplicação da fungibilidade, não conhecendo do recurso. Assim, em *RJTJ-SP*, vol. 98, p. 314, por entender tratar-se de erro grosseiro, não conheceram do agravo, enquanto que em *RT*, vol. 577, p. 250, vol. 613, p. 126, vol. 590, p. 145 e vol. 606, p. 131, não conheceram da apelação.

Acrescentamos, porém, que o Superior Tribunal de Justiça tem entendido que o recurso cabível é o de apelação e "somente na hipótese do art. 5°, *caput,* da Lei 1.060/50, é adequado o agravo".[146]

Admitindo o agravo como adequado, seria de admitir-se, igualmente, o agravo retido? Não há, no texto do Código de Processo Civil, qualquer restrição à aplicação de um ou outro agravo, deixando a escolha ao recorrente. Todavia, a jurisprudência[147] tem entendido que, em alguns casos, o agravo retido é descabido, por não ser idôneo a permitir alteração da decisão, ou por mostrar-se instrumento inútil. Transpondo tal entendimento para o campo da justiça gratuita, temos que, em caso de concessão da gratuidade, rejeitando-se a impugnação, é de admitir-se tanto o agravo de instrumento como o agravo retido, já que, sem permitir a preclusão, pode a questão ser apreciada futuramente sem quaisquer traumas. Mas, no caso de recurso contra a denegação ou revogação do benefício, deve-se utilizar do agravo de instrumento. Isto porque não nos parece admissível receber com "efeito suspensivo" um recurso cujo conhecimento é eventual e condicionado a uma série de outros fatores. Há, além disso, necessidade de se resolver logo a questão, até porque, se o requerente não for de fato merecedor da gratuidade, não se deve permitir que continue a usufruir do benefício. Neste caso, o agravo retido não se mostra idôneo a reparar o mal, não sendo de admiti-lo. Seria abuso da parte, que continuaria a gozar da gratuidade sem sequer ter recurso pendente para resolver a questão.

Da decisão que concede o benefício da gratuidade *prima facie* não cabe recurso da parte contrária. Isto porque, nos termos da Lei, a concessão se faz sem a oitiva da parte contrária, que pode posteriormente oferecer impugnação em separado. Desta forma, sem que se apresente, primeiramente, tal impugnação, não se deve admitir o recurso contra a decisão concessiva da justiça gratuita. Nestas circunstâncias, o recurso pode implicar supressão de um grau de

---

[146] *RSTJ*, vol. 36, p. 347 e vol. 40, p. 563.

[147] Em notas ao art. 522, Theotonio Negrão indica hipóteses de não cabimento do agravo retido: no processo de execução, pelo terceiro não admitido no feito e de decisão posterior à apelação. Em *RT*, vol. 639, p. 172, foi considerado meio inidôneo, para atacar a decisão que negou o benefício da gratuidade.

jurisdição: se a concessão do benefício fundou-se na mera presunção de veracidade da declaração do carente, quaisquer argumentos que tenha a parte contrária para elidir esta presunção devem ser trazidos primeiramente à apreciação do juiz da causa, mediante a impugnação; se a parte, sem impugnar, recorre diretamente da decisão, além de não ter interesse em recorrer, suprime um grau de jurisdição. Há, aqui, analogia com o ato do juiz que, deferindo a inicial, determina a citação do réu. Conquanto tenha caráter decisório, pois representa uma opção do juiz, que poderia indeferir a inicial ou mandar emendá-la, não é agravável pelo réu, ainda não citado, que terá oportunidade de manifestar-se adequadamente, sustentando eventuais vícios da petição inicial, em preliminar de contestação.

Da denegação *ex officio* do juiz, porém, cabe recurso do requerente da gratuidade. Da decisão que julga a impugnação, concedendo ou denegando o benefício, cabe recurso da parte vencida.

Augusto Tavares Rosa Marcacini

Capítulo V - Conclusões

Da obra ora apresentada, extraímos as conclusões seguintes, conforme os fundamentos apresentados nos capítulos antecedentes:

1. A assistência jurídica é instrumento de destacada importância para que se possa alcançar a efetiva igualdade jurídica entre os homens; todavia, não podemos deixar de considerá-la um paliativo, se comparada com a solução ideal, que é erradicar a pobreza.

2. Somente mediante a efetiva prestação de assistência jurídica é possível fazer valer, na prática, os princípios constitucionais da isonomia, do devido processo legal, do contraditório, bem como a garantia constitucional do direito de ação e do acesso à justiça.

3. Os conceitos de assistência jurídica, de assistência judiciária e de justiça gratuita não se confundem. A assistência jurídica é definida como a prestação de serviços jurídicos, tanto processuais como consultivos, às pessoas necessitadas. A assistência judiciária é instituto mais restrito, abrangida pelo conceito de assistência jurídica, compreendendo somente o patrocínio judicial do necessitado. Por justiça gratuita, por fim, deve ser entendida a total gratuidade processual. Nos textos legais, todavia, os conceitos não são utilizados com rigor terminológico, devendo o intérprete buscar a intenção do legislador ao utilizar a expressão.

4. Devem ser considerados prestadores de assistência judiciária tanto o órgão estatal - a Defensoria Pública, ou, em São Paulo, a Procuradoria de Assistência Judiciária - como as entidades não-estatais que desempenham o serviço como sua finalidade principal, e até mesmo advogados que, isoladamente, mas por determinação judicial ou convênio com o Estado, desempenham o serviço com freqüência.

5. O benefício da justiça gratuita compreende a isenção de toda e qualquer despesa necessária ao pleno exercício dos direitos e das faculdades processuais, sejam tais despesas judiciais ou não. As

enumerações legais acerca das verbas dispensadas são apenas exemplificativas, e não taxativas.

6.   O beneficiário de justiça gratuita está dispensado de antecipar toda e qualquer despesa a que der causa no curso do processo. As despesas da parte contrária, não-beneficiária, serão por ela adiantadas, normalmente.

7.   Vencedor o beneficiário, a parte contrária arcará com as despesas que deixaram de ser adiantadas por aquele. Arcará a parte contrária com honorários advocatícios do beneficiário, fixado de acordo com as regras estabelecidas no Código de Processo Civil. Não mais se aplica, ao caso, o limite máximo de 15% sobre o valor da causa, previsto no art. 11, § 1º, da Lei nº 1.060/50, pois este dispositivo não está mais em vigor.

8.   Vencido o beneficiário, os créditos devidos ao Estado ou a órgãos públicos serão suportados pelos respectivos credores. Créditos devidos a terceiros devem ser pagos pelo Estado. O beneficiário será condenado ao pagamento das verbas devidas à parte contrária; todavia, a exigibilidade destes valores está sujeita à verificação de condição suspensiva de a parte perder a condição de necessitado, no prazo de cinco anos contados a partir do trânsito em julgado da decisão. O prazo de cinco anos não é prescricional, mas integra a condição. Daí, não estar sujeito à interrupção ou suspensão.

9.   A suspensão da exigibilidade do pagamento das verbas decorrentes da sucumbência ocorre em todos os tipos de ação; não há qualquer ação em que a suspensão não possa ser determinada.

10.   Quanto a estas condenações acessórias impostas ao beneficiário vencido, impõe a sentença condenação sujeita à verificação de condição suspensiva, sendo aplicáveis ao caso os arts. 572, 614, inciso II, 618, inciso III, 741, inciso II e 743, inciso V, do Código de Processo Civil. A sentença não é título executivo por faltar-lhe exigibilidade. A execução deverá ser precedida de prova da verificação da condição suspensiva, que, não sendo somente documental, deverá ser produzida em procedimento preparatório.

11. A assistência jurídica deve ser prestada por órgãos estatais, sem excluir-se a prestação por órgãos ou advogados privados, conveniados ou não com o Estado. Quanto ao órgão estatal prestador de assistência jurídica, a Constituição Federal determina a criação da Defensoria Pública em nível federal e estadual, órgão que seja dotado de garantias de independência e tenha a finalidade exclusiva de atendimento aos carentes de recursos.

12. A prestação de assistência jurídica contribui para a formação do estudante de Direito. As universidades públicas, por terem o dever moral, perante a sociedade que as mantém, de prestar serviços à comunidade, devem estruturar junto à respectiva faculdade de Direito o serviço de assistência jurídica à população.

13. No desempenho da assistência jurídica, deve-se buscar vencer as barreiras culturais que se colocam diante do beneficiário: deve-se utilizar palavras simples, inteligíveis pelo cliente; o atendimento recebido deve servir de aprendizado para a sua vida futura.

14. O órgão prestador de assistência judiciária, oficial ou não, tem prazo em dobro para a prática de todos os atos processuais, e o defensor deve ser intimado pessoalmente.

15. A juntada de instrumento de mandato é dispensada, quando o assistido estiver sendo defendido por entidade de direito público prestadora de assistência judiciária. A regra não se aplica ao caso do órgão prestador ser de direito privado, que pode, porém requerer a outorga de poderes por termo nos autos.

16. Sendo a parte defendida por órgão prestador de assistência judiciária, a intimação deve ser feita pessoalmente à parte, toda vez que o ato determinado envolva alguma atividade desta. Não pode o beneficiário ser citado para a reconvenção na pessoa do defensor, quando prestador de assistência judiciária.

17. Quando necessária a prova pericial, deve ser indicado assistente técnico ao beneficiário da gratuidade, assistente este que deverá ser remunerado pelo Estado.

18. Têm direito aos benefícios da assistência jurídica, da assistência judiciária e da justiça gratuita as pessoas necessitadas. O

necessitado pode ser econômico ou jurídico. Necessitado jurídico é o acusado penal, que não apresente defensor por ele constituído. Necessitado econômico é toda pessoa que não possa arcar com as despesas do processo e com honorários advocatícios sem prejuízo do seu próprio sustento e o de sua família. A condição de necessitado decorre da inexistência de saldo positivo suficiente no confronto entre os rendimentos da pessoa e as despesas que faz com o sustento próprio e de sua família, num padrão mínimo de dignidade. O tipo de ação ou a natureza do direito material pleiteado não influem no direito ao benefício.

19. Pessoas jurídicas podem ser beneficiárias. Os requisitos a serem aferidos para a concessão são outros: deve-se verificar, no caso concreto, se há possibilidade material de ingressar em juízo sem que o benefício seja deferido. Se a resposta for negativa, o benefício deve ser concedido.

20. É possível a concessão parcial do benefício, para isentar a parte de algumas verbas, ou para fixá-las em valor compatível com as possibilidades do beneficiário.

21. O requerimento de justiça gratuita pode ser feito a qualquer tempo, no curso do processo, bastando a simples afirmação da parte de que não tem condições de arcar com as despesas do processo sem prejuízo do seu próprio sustento e o de sua família. O juiz, a menos que haja prova clara e inequívoca em contrário, deve deferir de plano a gratuidade.

22. A parte contrária pode oferecer impugnação ao pedido de gratuidade, a qualquer tempo no curso do processo, em petição a ser autuada em apartado, com fundamento na inexistência ou desaparecimento dos requisitos essenciais à sua concessão. Oferecida a impugnação, e sendo esta rejeitada, não poderá renová-la, senão mediante alegação de fato superveniente, pois o que foi decidido está coberto pela preclusão. Havendo presunção em prol do assistido, o ônus da prova é sempre do impugnante.

23. O ato que decide acerca da concessão da gratuidade, em qualquer circunstância, tem a natureza de decisão interlocutória,

apesar do art. 17 da Lei 1.060/50 denominá-lo "sentença". Os efeitos são produzidos desde o momento em que o benefício foi requerido, pois trata-se de decisão de natureza declaratória, e não constitutiva. Por sua vez, o momento a ser considerado é o do pagamento da despesa, e não o do fato que lhe deu origem. Assim, requerido o benefício, todos os pagamentos que devam ser feitos posteriormente estão abrangidos pela gratuidade, ainda que decorrentes de fatos geradores anteriores.

24.   Como conseqüência da natureza interlocutória da decisão, o recurso cabível contra decisão acerca da concessão da gratuidade é o agravo de instrumento. Em virtude das garantias processuais constitucionais, a parte goza dos benefícios desde logo, até que a gratuidade seja denegada por decisão irrecorrível. Enquanto pendente recurso contra a decisão que negou a concessão da justiça gratuita, gozará a parte das isenções, mesmo que o recurso não seja dotado de efeito suspensivo.

25.   Da decisão que concede de plano a gratuidade não cabe recurso da parte contrária, que, em primeiro lugar, deve oferecer a impugnação. Sendo esta indeferida, a decisão é recorrível. Da denegação *ex officio* cabe recurso do requerente. Da decisão que julga a impugnação cabe recurso da parte vencida neste incidente.

Augusto Tavares Rosa Marcacini

Bibliografia

AMERICANO, Jorge. *Commentários ao Codigo do Processo Civil e Commercial do Estado de São Paulo*, Livraria Acadêmica, 1934.

ARAÚJO FILHO, Luiz Paulo da Silva. "A 'intimação' do reconvindo na pessoa de seu procurador (art. 316 do CPC) e o defensor público", *in Revista Brasileira de Direito Processual* , vol. 57, p. 99.

ARAÚJO FILHO, Luiz Paulo da Silva. "Decisão que aprecia questão do direito à Assistência Judiciária - Recurso cabível", *in Revista de Processo*, vol. 53, p. 231.

AZAMBUJA, Darcy. *Teoria Geral do Estado*, Editora Globo, 1966.

BARBI, Celso Agrícola. *Comentários ao Código de Processo Civil*, vol. I, Ed. Forense, 1975.

BARBOSA MOREIRA, José Carlos. *Comentários ao Código de Processo Civil*, vol. V, Ed. Forense, 1976.

BARBOSA MOREIRA, José Carlos. "La Igualdad de las partes en el proceso civil", *in Temas de Direito Processual*, 4ª série, Ed. Saraiva, 1989.

BARBOSA MOREIRA, José Carlos. "O benefício da dilatação do prazo para a Fazenda Pública", *in Temas de Direito Processual*, 1ª série, Ed. Saraiva, 1988.

BARBOSA MOREIRA, José Carlos. *O novo processo civil brasileiro*, Ed. Forense, 1991.

BERIZONCE, Roberto O. "Asistencia juridica a los carentes de recursos: de la ayuda caritativa a la cobertura integral de caracter social", *in Revista de Processo*, vol. 45, p. 106.

BERIZONCE, Roberto O. "La organización de la asistencia juridica (un estudio sintetico de la legislación comparada)", *in Revista de Processo*, vol. 54, p. 163.

CABALLERO, Alexandre Augusto da Silva. "Da relação entre o princípio da isonomia e o contraditório no Processo Civil", *in Revista de Processo*, vol. 52, p. 225.

CAHALI, Yussef Said. *Honorários de Advogado*. Ed. Revista dos Tribunais, 1990.

CALMON DE PASSOS, José Joaquim. "Advocacia - O direito de recorrer à Justiça", *in Revista de Processo*, vol. 10, p. 33.

CALMON DE PASSOS, José Joaquim. "O problema do acesso à justiça no Brasil", *in Revista de Processo*, vol. 39, p. 78.

CALMON DE PASSOS, José Joaquim. *Comentários ao Código de Processo Civil*, vol. III, Ed. Forense.

CÂMARA LEAL, Antônio Luis. *Da prescrição e da decadência*, ed. atualizada por José de Aguiar Dias, Ed. Forense, 1982.

CAPPELLETTI, Mauro. "Accesso alla giustizia come programma di riforma e come metodo di pensiero", *in Rivista di Diritto Processuale*, aprile/giugno, 1982.

CAPPELLETTI, Mauro. *Acesso à Justiça*, trad. de Ellen Gracie Northfleet, Sergio Fabris Ed., 1988 (em coop.).

CARRION, Valentim. *Assistência Judiciária*, LTR, vol. 42, p. 1209, Outubro, 1978.

CARRION, Valentin. "Assistência judiciária (Processo Trabalhista)", *in Revista Brasileira de Direito Processual*, vol. 19, p.105.

CASTRO, José Roberto de. *Manual de Assistência Judiciária*, Aide Editora, 1987.

CINTRA, Antonio Carlos de Araújo. *Teoria Geral do Processo*, Ed. Revista dos Tribunais, 1985 (em coop.).

COUTURE, Eduardo. *Interpretação das Leis Processuais*, trad. de Gilda Maciel Corrêa Meyer Russomano, Ed. Forense, 1993.

CRUZ E TUCCI, José Rogério. *Constituição de 1988 e Processo*. Editora Saraiva, 1989 (em coop.).

DINAMARCO, Cândido Rangel. *O princípio do contraditório*, Conferência proferida no curso "Processo Constitucional",

Faculdade de Direito de São Paulo, 17.4.82, *in Fundamentos do Processo Civil Moderno*, Ed. Revista dos Tribunais, 1987.

DINAMARCO, Cândido Rangel. *Teoria Geral do Processo*, Ed. Revista dos Tribunais, 1985 (em coop.).

ESPÍNOLA, Eduardo. *Código de Processo Civil do Estado da Bahia Anotado*, Typ. Bahiana, 1916.

GARTH, Bryant. *Acesso à Justiça*, trad. de Ellen Gracie Northfleet, Sergio Fabris Ed., 1988 (em coop.).

GIL, Otto. "Os honorários de advogado, segundo o novo Código de Processo Civil", *in Revista Brasileira de Direito Processual*, vol. 11, p. 107.

GOMES, Orlando. *Introdução ao Direito Civil*, Ed. Forense, 1979

GOMES, Orlando. *Obrigações*, Ed. Forense, 1981.

GRECO FILHO, Vicente. *Direito Processual Civil Brasileiro*, vols. 1 e 2, Ed. Saraiva, 1993.

GRINOVER, Ada Pellegrini. *As Garantias Constitucionais do Direito de Ação*, Ed. Revista dos Tribunais, 1973.

GRINOVER, Ada Pellegrini. "Assistência judiciária e acesso à justiça", *in Novas Tendências do Direito Processual*, Ed. Forense Universitária, 1990.

GRINOVER, Ada Pellegrini. "Assistência judiciária e capacidade postulatória", *in Novas Tendências do Direito Processual*, Ed. Forense Universitária, 1990..

GRINOVER, Ada Pellegrini. "*Benefício de prazo*", *in Revista Brasileira de Direito Processual*, vol. 19, p. 13.

GRINOVER, Ada Pellegrini. "O conteúdo da garantia do contraditório", *in Novas Tendências do Direito Processual*, Forense Universitária, 1990.

GRINOVER, Ada Pellegrini. *Teoria Geral do Processo*, Ed. Revista dos Tribunais, 1985 (em coop.).

HELENE, Otaviano. "A pior distribuição de renda do mundo. Até quando?", artigo publicado no jornal *A Folha de São Paulo*, 26.12.90, p. C-8.

HOYOS, Arturo. "La garantia constitucional del debido proceso legal", *in Revista de Processo*, vol. 47, p. 43.

JACOB, I. H. "Access to justice in England", *in Access to Justice - a World Survey*, editor responsável: Mauro Cappelletti, Sijthoff and Noordhoff - Alphenaandenrijn - Dott. A. Giuffrè Editore, 1978.

KONIG, Bernard. "Igualdade de chance na sala de audiência e fora dela - Da sua situação do ponto de vista austríaco", *in Revista de Processo*, vol. 7, p. 111.

LAGRASTA NETO, Caetano. "A Justiça, o pobre e a desburocratização", *in Revista dos Tribunais*, vol. 560, p. 271.

LEAL JÚNIOR, Cândido Alfredo Silva. "A comprovação da insuficiência de recursos para concessão da assistência jurídica gratuita", *in Revista de Processo*, vol. 62, p. 268.

LIEBMAN, Enrico Tullio. *Manual de Direito Processual Civil*, vol. I, trad. de Cândido Rangel Dinamarco, Ed. Forense, 1984.

LIMA, Alcides de Mendonça. *Comentários ao Código de Processo Civil*, vol. VI, Ed. Forense, 1974.

MARAFIOTI, Domenico. *L'assistenza giudiziaria ai non abbienti*. Dott. A. Giuffre Ed., 1960.

MARQUES, José Frederico. *Manual de Direito Processual Civil*, vols. 1 e 4, Ed. Saraiva, 1983.

MAZZILLI, Hugo Nigro. "O Ministério Público e o acesso à justiça", *in Revista dos Tribunais*, vol. 638, p. 241.

MONIZ DE ARAGÃO, Egas Dirceu. *Comentários ao Código de Processo Civil*, vol. II, Ed. Forense, 1974.

MORAES, Humberto Peña de. "Assistência Judiciária Pública e os mecanismos de acesso à justiça no Estado democrático", *in Encontro Participação e Processo*, São Paulo, 29.06.1987 a 01.07.1987.

MUJICA, Miguel Santana. "El recurso de pobreza", *in Revista de Processo*, vol. 18, p. 165.

NEGRÃO, Theotonio. *Código de Processo Civil*, Ed. Malheiros, 1992.

NERY JR., Nelson. "O benefício da dilatação do prazo para o Ministério Público no Direito Processual Civil brasileiro", *in Revista de Processo*, vol. 30, p. 109.

PONTES DE MIRANDA, Francisco Cavalcanti. *Comentários à Constituição de 1967*, vol. V, Ed. Revista dos Tribunais, 1971.

PONTES DE MIRANDA, Francisco Cavalcanti. *Comentários ao Código de Processo Civil*, tomo I, Ed. Forense, 1973.

RODRIGUES, Walter Piva. "Assistência judiciária, uma garantia insuficiente", *in Encontro Participação e Processo*, São Paulo, 29.06.1987 a 01.07.1987.

ROSAS, Roberto. "Processo civil e justiça social", *in Revista dos Tribunais*, vol. 564, p. 9.

SANTOS, Boaventura Sousa. "Introdução à sociologia da administração da justiça", *in Direito e Justiça - A Função Social do Judiciário*, Editora Ática, 1989.

SANTOS, Moacyr Amaral. *Primeiras Linhas de Direito Processual Civil*, vol. 1, Ed. Saraiva, 1992.

SUANNES, Adauto. "Assistência judiciária e devido processo legal", *in Revista dos Tribunais*, vol. 595, p. 302.

THEODORO JÚNIOR, Humberto. *Curso de Direito Processual Civil*, vol. II, Ed. Forense, 1985.

THERY, Philippe. "Access to justice in France", *in Access to Justice - a World Survey*, editor responsável: Mauro Cappelletti, Sijthoff and Noordhoff - Alphenaandenrijn - Dott. A. Giuffrè Editore, 1978.

TUCCI, Rogério Lauria. *Constituição de 1988 e Processo*, Ed. Saraiva, 1989 (em coop.).

WAMBIER, Luiz Rodrigues. "Anotações sobre o princípio do devido processo legal", *in Revista de Processo*, vol. 63, p. 54.

WATANABE, Kazuo. "Acesso à justiça e sociedade moderna", *in Encontro Participação e Processo*, São Paulo, 29.06.1987 a 01.07.1987.

WATANABE, Kazuo. "Assistência judiciária e o Juizado de Pequenas Causas", *in Revista dos Tribunais*, vol. 617, p. 250.

XAVIER NETO, Francisco de Paula. "Notas sobre a justiça na Alemanha", *in Revista de Processo*, vol. 27, p. 86.

ZANON, Artemio. *Da assistência jurídica integral e gratuita*, Ed. Saraiva, 1990.

APÊNDICES

Apêndice A: Anteprojeto de Lei

TÍTULO I
DA ASSISTÊNCIA JURÍDICA INTEGRAL E GRATUITA
Capítulo I - Disposições Gerais

Art. 1º - O benefício da Assistência Jurídica Integral e Gratuita, previsto no artigo 5º, LXXIV, da Constituição Federal, regula-se pelo disposto nesta Lei.

Parágrafo único - A Assistência Jurídica Integral e Gratuita compreende:

I - a Justiça Gratuita;

II - a Assistência Jurídica.

Art. 2º - Os Poderes Públicos Federal, Estadual e Municipal, independentemente da colaboração que possam receber da Ordem dos Advogados do Brasil e das Faculdades de Direito públicas e privadas, promoverão o acesso à justiça dos carentes de recursos.

Art. 3º - A União e os Estados terão o prazo de um ano para criação de um fundo de assistência jurídica, para custeio dos benefícios previstos nesta Lei.

Parágrafo único - Serão destinados ao fundo de que trata este artigo, obrigatoriamente, 1% (um por cento) das custas judiciais arrecadadas pela União ou pelo Estado, além de outras fontes a serem instituídas com sua criação.

Capítulo II - Do beneficiário

Art. 4º - Considera-se necessitado, para os fins de concessão de Assistência Jurídica Integral e Gratuita, nos termos desta Lei:

I - a pessoa natural, cuja situação econômica não lhe permita pagar as custas e despesas decorrentes do processo e os honorários de advogado, sem prejuízo do sustento próprio ou da família;

II - a pessoa jurídica sem fins lucrativos, de natureza assistencial ou filantrópica, prestadora de serviços gratuitos à comunidade em geral, que não tenha condições financeiras de arcar com as custas e despesas decorrentes do processo e os honorários de advogado, sem prejuízo da sua atividade.

Parágrafo único - O direito à Assistência Jurídica é personalíssimo, não se transmitindo aos sucessores a qualquer título.

TÍTULO II
DA JUSTIÇA GRATUITA
Capítulo I - Do benefício da Justiça Gratuita

Art. 5º - O benefício de Justiça Gratuita compreende:

I - a dispensa de antecipação das despesas processuais;

II - a suspensão da exigibilidade das verbas decorrentes da sucumbência.

§ 1º - Considera-se despesa processual, para os fins desta lei:

I - a taxa judiciária e demais custas processuais devidas ao Estado;

II - as despesas de locomoção dos Oficiais de Justiça;

III - as despesas com as publicações no jornal encarregado da divulgação dos atos oficiais;

IV - as indenizações devidas às testemunhas que, quando empregados, receberão do empregador salário integral, como se em serviço estivessem, ressalvado o direito de regresso contra a Fazenda Pública;

V - os honorários devidos a terceiros, cujos serviços sejam necessários ao processo, tais como peritos, tradutores, intérpretes e depositários;

VI - as custas e emolumentos extrajudiciais, relativos a atos necessários para o exercício do direito de ação ou defesa, para a produção de prova, para a prática de atos processuais ou para lhes dar eficácia;

VII - as despesas com extração de cópias necessárias para a formação de agravo de instrumento, carta de sentença, carta precatória, formal de partilha, mandado de citação ou intimação, ou para a prática de atos processuais;

VIII - as despesas postais;

IX - a caução para propositura de ação rescisória;

X - todas as demais despesas, cujo pagamento seja necessário para o exercício do direito de ação ou defesa, para a produção de prova, para a prática de atos processuais ou para lhes dar eficácia.

§ 2° - A publicação de editais em jornal, quando determinada em lei, será feita apenas no órgão oficial.

§ 3° - O juiz concederá parcialmente a Justiça Gratuita para as pessoas não elencadas nos incisos I e II do artigo anterior, toda a vez que o pagamento integral das custas e despesas constituir óbice ao acesso à justiça.

Art. 6° - Quando a falta de recursos do necessitado, mesmo gozando dos benefícios relacionados no artigo anterior, constituir óbice ao seu comparecimento ou à prática de atos processuais, o juiz determinará as providências necessárias para permitir o acesso à justiça, conforme as peculiaridades do caso, podendo requisitar bens e serviços públicos ou particulares, ressalvado a estes últimos o direito de regresso contra a Fazenda Pública.

Art. 7° - O benefício da Justiça Gratuita compreende todos os atos do processo, em todos os graus de jurisdição, não sendo motivo para sua rejeição o tipo de pedido formulado pelo autor, a natureza do direito material envolvido no litígio nem o fato de ser o requerente defendido por advogado particular.

Art. 8° - Sendo vencedor da causa o beneficiário de Justiça Gratuita, a parte contrária será condenada ao pagamento de honorários advocatícios, nos termos da lei processual, bem como de todas as despesas que não foram antecipadas, valendo a sentença como título executivo judicial em favor do credor.

Art. 9° - Sendo vencido o beneficiário de Justiça Gratuita, aplica-se o disposto neste artigo.

§ 1° - O beneficiário será condenado ao pagamento das despesas adiantadas pela parte contrária e honorários advocatícios, nos termos da lei processual, mas o crédito não será exigível até que o vencido perca a condição legal de necessitado.

§ 2° - Se dentro de cinco anos o vencido não perder a condição legal de necessitado, a obrigação será tornada definitivamente inexigível.

§ 3° - Compete ao credor, em procedimento preparatório a ser desenvolvido segundo o rito previsto nos artigos 801 a 803, do CPC, provar a perda da condição legal de necessitado, como requisito indispensável para a instauração da execução.

§ 4º - Será extinto o processo de execução, de ofício ou a requerimento da parte, quando o credor não provar que a obrigação se tornou exigível, nos termos do parágrafo anterior.

§ 5º - Os créditos devidos ao particular em decorrência da não antecipação de despesas ou da requisição de bens e serviços, serão suportadas pela União, quando a causa houver tramitado nas Justiças Federais ou nas Justiças Estaduais, nos casos previstos no artigo 109, §3º, da Constituição Federal, ou pelo Estado, quando a causa houver tramitado perante a Justiça Estadual, valendo a sentença como título executivo judicial em favor do credor. Com a instituição do fundo de que trata o artigo 3º desta Lei, o pagamento poderá ser feito administrativamente, sem prejuízo do direito do credor de promover a execução judicial.

§ 6º - Aplica-se o disposto no parágrafo anterior quanto aos honorários do advogado do beneficiário, se este não for atendido por órgão oficial ou por agente prestador remunerado pelo poder público, caso em que o juiz, na sentença, fixará o valor dos honorários.

Capítulo II - Do procedimento para concessão de Justiça Gratuita

Art. 10 - O pedido de Justiça Gratuita independe de forma específica, podendo ser feito na própria petição inicial, contestação, conjuntamente com outro ato processual ou em petição autônoma a ser juntada nos próprios autos do processo, mediante declaração de que é necessitado, nos termos do artigo 4º, incisos I e II desta Lei.

Parágrafo único - Presume-se verdadeira, até prova em contrário, a declaração a que se refere este artigo.

Art. 11 - O pedido de Justiça Gratuita será deferido de plano pelo juiz; havendo dúvida quanto ao seu cabimento, o juiz determinará que o requerente preste esclarecimentos quanto aos pontos duvidosos, no prazo de 5 (cinco) dias, decidindo em seguida.

Parágrafo único - A menos que, em razão das provas já constantes dos autos ou das manifestações do requerente, ficar inequivocamente demonstrado que o requerente não preenche a condição legal de necessitado, o benefício deverá ser deferido.

Art. 12 - A parte contrária poderá impugnar o pedido de Justiça Gratuita a qualquer tempo, em petição autônoma, que será autuada em apartado, sem suspender o processo, alegando a inexistência ou perda superveniente da condição de necessitado e especificando as provas que pretende produzir.

Art. 13 - Sobre a impugnação, será ouvido o requerente, no prazo de 5 (cinco) dias, especificando as provas que pretende produzir.

Art. 14 - Havendo necessidade de prova oral, o juiz designará audiência para esse fim.

Art. 15 - Colhidas as provas, ou não havendo provas a serem produzidas, o juiz decidirá o incidente.

Art. 16 - A decisão que conceder a Justiça Gratuita atinge todas as antecipações de despesas ainda não efetuadas pelo beneficiário, mesmo que decorrentes de fatos ou determinações anteriores ao requerimento da gratuidade.

Art. 17 - Da decisão que concede de plano o benefício não cabe recurso.

Art. 18 - Da decisão que indefere de plano o benefício, ou da que resolve o incidente, caberá o recurso de agravo.

Art. 19 - Havendo a interposição de recurso contra o indeferimento do benefício, o requerente gozará da Justiça Gratuita até sua decisão final; mas, neste caso, o recorrente não poderá se utilizar do agravo retido.

Art. 20 - A decisão que acolher a impugnação cominará multa ao requerente, em favor da parte contrária, de até dez vezes o valor das despesas, se:

I - houver alegação de fato inverídico ou a omissão de fato relevante pelo requerente;

II - o pedido de gratuidade for notoriamente improcedente.

Art. 21 - Preclusa a questão da concessão da Justiça Gratuita, novo pedido ou impugnação só poderão ser fundados em fatos supervenientes.

TÍTULO III
DA ASSISTÊNCIA JURÍDICA
Capítulo I - Do benefício da Assistência Jurídica

Art. 22 - O benefício da Assistência Jurídica compreende:

a) a prestação de assistência judiciária aos legalmente necessitados, em processo judicial ou administrativo;

b) a prestação de assistência judiciária aos réus revéis em processo criminal;

c) a prestação de orientação jurídica extrajudicial aos legalmente necessitados.

Capítulo II - Do prestador da assistência jurídica

Art. 23 - Consideram-se prestadores de assistência jurídica, para os fins desta Lei:

I - a Defensoria Pública, ou órgão público que exerça função equivalente;

II - as entidades privadas que desempenhem esta função como sua finalidade;

III - os advogados que desempenhem esta função por determinação judicial ou convênio com o Poder Público.

Art. 24 - Os acadêmicos de direito inscritos no quadro de estagiários da OAB poderão atuar na prestação da assistência jurídica, nos termos deste artigo.

§ 1° - Os estagiários atuarão no processo sempre em conjunto com advogado, e sob a supervisão deste.

§ 2° - Os estagiários poderão praticar todos os atos do processo isoladamente, salvo os seguintes, que deverão ser praticados por advogado, podendo o estagiário subscrevê-los em conjunto:

I - petição inicial;

II - queixa-crime;

III - contestação;

IV - defesa prévia;

V - exceção de suspeição ou de impedimento;

VI - memoriais e alegações finais;

VII - recursos e contra-razões de recurso.

§ 3° - Mediante autorização do advogado da causa, com referência nominal ao estagiário, este poderá atuar nas audiências de conciliação, instrução e julgamento, bem como fazer sustentação oral em qualquer instância ou tribunal.

§ 4° - A autorização a que se refere o parágrafo anterior poderá ser passada previamente, por escrito, ou oralmente, se o advogado estiver presente ao ato.

Art. 25 - Ao prestador de assistência judiciária aplicam-se as seguintes disposições:

I - o prestador designado no artigo 23, inciso I, desta Lei, será intimado pessoalmente de todos os atos do processo, em todos os graus de jurisdição;

II - o prestador designado no artigo 23, inciso II, desta Lei poderá ser intimado por publicação no órgão oficial, mas da intimação deverão constar obrigatoriamente, além dos requisitos previstos na lei processual, sob pena de nulidade:

a)   o nome da entidade prestadora;

b)   o nome dos advogados, estagiários e estudantes de direito que representam o assistido, podendo o juiz limitar, ao máximo de 5 (cinco), os nomes que constarão da publicação; havendo tal limitação, deverão constar da intimação os nomes que a parte houver indicado, dos quais ao menos 1 (um) deverá ser advogado;

III - ser-lhe-ão contados em dobro todos os prazos processuais para manifestação nos autos, em todos os graus de jurisdição; o prazo em dobro para a resposta do réu independe de prévio requerimento dentro do prazo normal;

IV - não se fará a citação do assistido na pessoa do seu patrono, nas hipóteses de reconvenção, oposição, embargos à execução, embargos de terceiro; poderá o patrono, contudo, aceitar expressamente a citação, a fim de permitir o prosseguimento da ação principal;

V - o mandato poderá ser outorgado por termo nos autos; será dispensada a juntada de instrumento de mandato quando a parte for representada em juízo pela Defensoria Pública, ou órgão público que exerça função equivalente, ressalvados:

a)   os atos previstos no artigo 38 do Código de Processo Civil;

b)   o requerimento de abertura de inquérito por crime de ação privada, a propositura de ação penal privada ou o oferecimento de representação por crime de ação pública condicionada.

Art. 26 - Nos processos que correm em segredo de justiça, além das partes e seus procuradores, será autorizada a vista dos autos em cartório às pessoas expressamente autorizadas pelo prestador de assistência jurídica.

Capítulo III - Do acesso do necessitado ao prestador de Assistência Jurídica

Art. 27 - A simples declaração do necessitado de que preenche as condições estabelecidas no artigo 4º desta Lei lhe permitirá o acesso ao órgão oficial prestador de assistência jurídica.

Art. 28 - Não havendo, na localidade, órgão oficial prestador de assistência jurídica, ou havendo recusa no atendimento, o necessitado poderá se dirigir ao fórum local, onde, na falta de outra determinação pela lei de organização judiciária, será atendido:

I - pelo escrivão do primeiro ofício cível, se na comarca houver varas especializadas;

II - pelo escrivão do primeiro ofício, se na comarca houver mais de uma vara, sem especialização;

III - pelo escrivão do ofício único.

Art. 29 - O escrivão tomará por termo a declaração de pobreza e os motivos que levaram o necessitado a procurar a assistência, apresentando-o ao juiz, independentemente de autuação, no prazo de 24 (vinte e quatro) horas.

Art. 30 - O juiz apreciará o pedido de gratuidade, com a oitiva do necessitado, se for o caso, e decidirá o pedido no prazo de 24 (vinte e quatro) horas.

Art. 31 - Deferido o pedido, o juiz ordenará o atendimento do carente pelo órgão oficial, se existente no local, ou pela Ordem dos Advogados do Brasil, que indicará advogado para atender ao beneficiário.

Parágrafo único - Nos municípios em que não existem subseções da Ordem dos Advogados do Brasil, o próprio juiz nomeará advogado para prestar a assistência jurídica.

Art. 32 - São justos motivos para a recusa no atendimento ao carente:

I - pelo Defensor Público ou pelo advogado indicado:

a) ter sido constituído pela parte contrária, ou ter-lhe dado orientação a respeito dos fatos da causa;

b) já ter orientado o necessitado, manifestando sua opinião contrária ao direito que pretende pleitear;

c) a realização de verificação sócio-econômica, que demonstre que o postulante não preenche a condição legal de necessitado.

II - pelo advogado indicado:

a)   estar impedido de exercer a advocacia ou não a estar exercendo por mais de 3 (três) anos;

b)   ter necessidade de se ausentar da sede do juízo para atender a outro mandato anteriormente outorgado ou para defender interesses próprios inadiáveis.

Parágrafo único - Será preferido para o atendimento do necessitado o advogado por ele indicado e que declare aceitar o encargo.

Art. 33 - O artigo 285 da Lei nº 5.869, de 11.01.73 (Código de Processo Civil), passa a vigorar com a seguinte redação:

Art. 285 -   Estando em termos a petição inicial, o juiz a despachará, ordenando a citação do réu, para responder; do mandado constará obrigatoriamente, sob pena de nulidade:

I - que não sendo contestada a ação, se presumirão aceitos pelo réu, como verdadeiros, os fatos articulados pelo autor;

II - a informação de que o réu, se for pobre, poderá ser defendido gratuitamente por órgão prestador de assistência jurídica, constando do mandado o endereço do órgão oficial, se existir no local, ou indicações de como proceder para obter a assistência na Comarca.

Art. 34 - Fica revogada a Lei nº 1.060, de 5 de fevereiro de 1950.

Art. 35 - Esta Lei entra em vigor 60 (sessenta) dias após sua publicação.

Apêndice B: A cobrança de custas judiciais no Estado de São Paulo sob a perspectiva do Acesso à Justiça

1. Custas judiciais e acesso à justiça

A cobrança de custas judiciais e a promessa de acesso à justiça são duas posturas estatais, a princípio, contraditórias. Afinal – poder-se-ia questionar - por que cobra o Estado para realizar justiça, se a prestação desta atividade, cujo monopólio detém, é antes de tudo um dever seu? Não deveria a justiça ser gratuita para todos?

Conforme anota Giuliano Scarselli, a total gratuidade da justiça foi defendida, na Itália, por juristas como Mancini, Scialoia, Ferrara e, até certo ponto, por Calamandrei, embora este último considerasse que o princípio seria uma mera utopia. Carnellutti e Satta, por seu turno, mostraram-se contrários a esta posição; ao argumento, favorável à total gratuidade, de que a administração da justiça se faz no interesse de toda a coletividade, e não só das partes, Satta retrucaria, comparando esta afirmação *"a quella di chi dicesse che i treni non si fanno camminare solo per i viaggiatori ma nell'interesse di tutti i cittadini"* [Scarselli, 1988].

Na Alemanha, embora a proposta de um processo totalmente sem custas tenha sido objeto de sugestões, nos anos setenta, seguindo a esteira das discussões sobre o acesso à justiça, a idéia não foi levada adiante; ao invés, a melhoria do acesso à justiça foi perseguida por uma importante reforma na assistência judiciária [Leipold, 1995].

De fato, uma análise mais cuidadosa do problema nos levaria a perceber que a prestação dos serviços judiciais, assim como a prestação de qualquer serviço público, custa aos cofres públicos e, de modo reflexo, custa à população como um todo, que paga impostos. Por isso, uma justiça totalmente gratuita verdadeiramente não existe, nem existirá, pois, de algum modo, a sociedade pagará por ela. O que se pode optar - e nisto alçamos o campo político - é sobre o modo de custear estes serviços e distribuir este encargo entre a população. Uma justiça inteiramente gratuita aos litigantes só seria possível na medida em que o Estado suportasse todas as despesas com a manutenção do Poder Judiciário, utilizando-se dos impostos gerais que arrecada. Deste modo, todos pagariam por este serviço público, pois todos somos contribuintes, desde os que pagam muito ou pouco imposto sobre a renda, até os que, isentos do pagamento desta exação, pagam impostos indiretos ao comprar alimentos ou produtos de limpeza.

Se formos analisar, por outro lado, o perfil econômico daqueles que ingressam em juízo, ou melhor, daqueles que repetidamente estão em juízo, veremos que distribuir o custo da justiça entre toda a população pode, ao contrário, parecer injusto, pois estariam todos, inclusive os menos favorecidos, que pouco - ou nada! - utilizam o serviço, subsidiando o acesso à justiça de grandes litigantes. Vista sob este ângulo, a cobrança de custas aos litigantes se mostra mais palatável.

Entretanto, não basta assentarmos esta primeira premissa para que a cobrança de custas judiciais possa ser legitimada. É necessário, igualmente, que o modo como estas custas serão calculadas e cobradas se mostre justo e compatível com o direito de acesso à justiça. Isto porque, embora inevitáveis (ao menos sob a ótica acima exposta), as custas judiciais sempre se constituem em um dos fatores inibidores do acesso à justiça.

O benefício da assistência jurídica integral e gratuita, previsto no art. 5º, LXXIV, da Constituição Federal, é um primeiro fator a legitimar a cobrança de custas judiciais, na medida em que estas só poderão ser exigidas daqueles que puderem suportá-las sem prejuízo de seu próprio sustento e do de sua família. Do ponto de vista do acesso à justiça do pobre, portanto, é indiferente o modo como as custas serão calculadas e cobradas, porque ele está dispensado de recolhê-las. Embora as dificuldades que o pobre enfrenta para estar em juízo não se resumam na cobrança de custas judiciais, este óbice, ao menos, é eliminado com a concessão da gratuidade processual.

Assim, o necessário equilíbrio entre o acesso à justiça e a cobrança de custas pelo Estado é um problema que concerne apenas aos que, não sendo pobres aos olhos da lei, não fazem jus ao benefício da gratuidade processual.

Prosseguindo na identificação do problema, lembremos que a população não se divide em ricos e carentes. Há entre estes extremos uma infinidade de pessoas com variadas faixas salariais; e, igualmente, pessoas com variadas despesas necessárias com seu sustento e de sua família, a depender do número de membros que a integram e das condições de saúde destes. Por outro lado, o montante das despesas processuais pode oscilar muito, de processo para processo, o que faz com que pessoas não-carentes possam ora ter meios para arcar com estes gastos, ora não.

Por isso, para propiciar o acesso à justiça em situações cuja precisa extensão é impossível prever em abstrato, necessário se faz que o sistema admita a possibilidade de uma concessão parcial da gratuidade processual, conforme as peculiaridades do caso concreto. Ao dissertar sobre a Assistência Jurídica Gratuita [Marcacini, 1996], expressei-me no sentido de haver, mesmo na antiga Lei 1.060/50, a possibilidade de concessão parcial da gratuidade processual.

No anteprojeto que foi elaborado pela "Mesa de Debates sobre Assistência Jurídica à População Carente", para substituir a atual LAJ, teve-se o cuidado de prever expressamente esta possibilidade de concessão parcial do benefício [Rodrigues e Marcacini, 1998]:

Art. 5°. ....

§ 3° - O juiz concederá parcialmente a Justiça Gratuita para as pessoas não elencadas nos incisos I e II do artigo anterior, toda a vez que o pagamento integral das custas e despesas constituir óbice ao acesso à justiça.

Com isso, pode o juiz, examinando as variáveis do caso concreto, as possibilidades da parte e o montante das despesas relativas a uma dada causa, conceder em parte o benefício, para determinar pagamento parcial das custas, na proporção que se mostrar justa e adequada.

Mas mesmo a concessão de gratuidade processual, total ou parcial, pode não ser suficiente para inibir os entraves que a cobrança de custas processuais pode opor à atuação das partes. Isto porque o recolhimento de custas, mesmo por quem pode suportá-las sem prejuízo do sustento, é, por si só, um fator de inibição do acesso à justiça.

Devem as custas processuais, pois, ser calculadas e exigidas pelo Estado de modo a propiciar arrecadação que faça frente aos serviços oferecidos, diminuindo ou evitando, com isso, o uso do dinheiro arrecadado com impostos gerais. Merece ser dito, por oportuno, que as custas judiciais têm a natureza jurídica de taxa, isto é, são tributos que *"têm como fato gerador o exercício regular do poder de polícia, ou a utilização, efetiva ou potencial, de serviço público específico e divisível, prestado ao contribuinte ou posto à sua disposição"* (art. 77, Código Tributário Nacional).

De outro lado, a taxa judiciária não deve inibir nem o ingresso em juízo, nem a livre atuação das partes ao longo do processo.

Assim, embora se trate de uma taxa, é costume, nas leis que a regem, que seu montante seja variável não em razão do serviço prestado, apenas, mas proporcionalmente ao valor da causa, não obstante o fato de que, independentemente deste valor, o serviço seja o mesmo. Este critério de fixar valores variáveis para uma taxa exigida pelos mesmos serviços não parece ser, em si, ilegal ou inconstitucional, mormente quando se tem em vista a cobrança de custas judiciais: afinal, exigir-se sempre o mesmo valor poderia redundar em custas excessivamente altas para uma causa de pequena expressão econômica, fator que também pode ser considerado um inibidor do acesso à justiça, independentemente de se cogitar das possibilidades das partes [Cappelletti e Garth, 1988]. Assim, o que se pode esperar é que a cobrança de custas siga critérios racionais, seja justa, no sentido de equilibrar o valor cobrado com as possibilidades das partes, e, por fim, não seja excessivamente cara.

Feitas estas considerações iniciais, passemos a analisar o sistema de cobrança de custas da Justiça Estadual Paulista, instituído pela Lei Estadual nº 4.952/85, procurando identificar seus aspectos positivos - em que o acesso à justiça é prestigiado - e negativos.

2. A cobrança da taxa judiciária, na lei paulista.

Segundo o artigo 4º, da Lei Estadual nº 4.952/85, o recolhimento da taxa judiciária será feito da seguinte maneira: *"I - 1% (um por cento) sobre o valor da causa no momento da distribuição ou, na falta desta, antes do despacho inicial; II - 1% (um por cento) sobre o valor da causa, se houver recurso, como preparo da apelação ou, nos processos de competência originária do Tribunal, como preparo dos embargos infringentes; III - 1% (um por cento) ao ser satisfeita a execução"*. O valor mencionado no inciso III, evidentemente, só será exigível se houver, após o processo de conhecimento, a execução de sentença condenatória; embora se trate de outro processo, na execução de sentença não se recolhem custas iniciais, por força do parágrafo 1º do mesmo artigo.

Adota-se, como se vê, um critério de cobrança variável em função do valor da causa, de modo a não taxar excessivamente as causas de pequena monta, conforme já discutido acima.

Não há na lei, por outro lado, previsão de um valor mínimo de custas a serem recolhidas, para as causas de cunho não-patrimonial, nem, tão-pouco, há um teto máximo. Apenas se estabelece que, *"nas causas de valor superior a 1.500 (um mil e quinhentas) vezes o maior salário mínimo vigente no país, as custas devidas sobre a parcela excedente a tal limite serão cotadas pela metade"*.

3. Aspectos positivos da Lei Estadual de custas.

Embora se trate de um regimento de custas, a referida lei estadual contém ementa curiosa. Diz a ementa que a lei *"amplia o acesso à Justiça, dispõe sobre a taxa judiciária, e dá outras providências"*. Ora, pode uma lei de custas ampliar o acesso à justiça? Parece-nos que não! O que se mostra possível, apenas, a uma lei de custas, seria deixar de inibir ainda mais este acesso, estabelecendo critérios razoáveis de cobrança, a facilitação do seu pagamento, ou mesmo algumas isenções, quando necessário.

De certo modo, a incidência de custas proporcionais ao valor da causa mostra-se um critério benéfico para as causas de pequeno valor, ou de valor inestimável, evitando criar custas excessivamente desproporcionais ao bem da vida disputado em juízo. Os inconvenientes desta opção, em especial pelo modo como estabelecido o recolhimento, na nossa lei, serão abordados no tópico seguinte.

Nossa lei de custas contém previsões nos parágrafos 2º e 4º, do artigo 4º, e no artigo 6º, voltadas a não inibir o acesso à justiça, não sendo algumas delas propriamente uma criação da lei estadual, mas apenas o expresso respeito pela legislação de hierarquia superior.

Os parágrafos 2º e 4º, do artigo 4º, dispensam o recolhimento de custas iniciais, pelo autor da ação, objetivando facilitar o ingresso em juízo.

Art. 4º.................

....

§ 2º.   Na ação popular a taxa será paga a final (artigo 10 da Lei nº 4.717, de 29.06.1965).

....

§ 4º.   O recolhimento da primeira parcela da taxa será diferido para final:

I -   nas ações de alimentos e nas revisionais de alimentos;

II -   nas ações de reparação de dano por ato ilícito extra-contratual, apenas quando promovidas pela própria vítima ou seus herdeiros;

III -   nas causas cujo valor não exceda a 10 (dez) salários mínimos, quando promovidas por pessoas físicas, excluído o cessionário;

IV -   na reconvenção, na oposição e na declaração incidente;

V -   quando comprovada a momentânea impossibilidade financeira de seu recolhimento total ou parcial.

Enquanto no parágrafo 2º, o pagamento da totalidade das custas é postergado para o verdadeiro final, em respeito ao que dispõe a legislação federal que regula a ação popular, o "final" a que se refere o parágrafo 4º antecede o fim do processo: é que, segundo o parágrafo 5º, do mesmo artigo, *"em caso de apelação, o recolhimento a que se refere o parágrafo anterior será feito juntamente com o preparo, sempre pelo vencido"*. Nos casos ali previstos, então, as custas iniciais (art. 4º, I) devem ser pagas quando da apelação, em conjunto com o preparo (art. 4º, II).

Não obstante o defeito de redação, é positiva a intenção da lei em propiciar o ingresso em juízo sem o recolhimento de custas, facilitando a propositura de determinadas demandas. Importa mencionar que, na hipótese específica do inciso V, do parágrafo 4º, vemos na lei estadual a expressa admissão da possibilidade de uma concessão parcial da gratuidade processual, questão que foi sucintamente tratada acima. Questionável, entretanto, a regra do parágrafo 5º, o que será adiante discutido.

Por outro lado, no artigo 6º temos a isenção total de custas em algumas causas:

Art. 6º. Não incidirá a taxa judiciária nas seguintes causas:

I - as criminais de qualquer espécie;

II - as da jurisdição de menores;

III - as de acidentes do trabalho;

IV - as ações de alimentos em que o valor da prestação mensal não seja superior a 02 (dois) salários mínimos;

V - as de estado ou capacidade das pessoas;

VI - os embargos à execução.

Encontramos, nestes incisos, causas que, em razão da relevância, merecem ter seu acesso facilitado, ou em que se mostra presumível a carência econômica da parte (claramente, as dos incisos III e IV), e, ainda, os embargos à execução, que, conquanto do ponto de vista técnico-processual tenham a natureza de uma ação autônoma, não deixam de ser o meio pelo qual o executado se defende da execução que lhe é ajuizada, não se mostrando razoável cobrar pelo exercício do direito de defesa.

4. Os aspectos negativos.

Um primeiro aspecto negativo reside no próprio mecanismo de cobrança. A inexistência de um teto máximo para limitar o valor das custas processuais pode levá-las a valores nominais aterrorizantes, até mesmo para quem tenha razoável capacidade econômica. Em inventários e partilhas, incidindo sobre o valor da herança, a taxa judiciária mais parece um imposto sobre o patrimônio do que propriamente uma taxa. E, como diz o CTN, *"a taxa não pode ter base de cálculo ou fato gerador idênticos aos que correspondam a imposto"* (art. 77, parágrafo único).

É certo que não se exige que as taxas cobradas pelo Estado correspondam exatamente ao custo do serviço prestado. É este entendimento, inclusive, que torna possível a cobrança da taxa judiciária com base em proporção do valor da causa, assumindo que, para poder cobrar valores razoáveis daqueles que demandam por bens e direitos de menor expressão econômica, outros haverão que pagar mais do que custa ao Estado o serviço recebido. Entretanto, a falta de um limite máximo perverte o sistema de arrecadação desnaturando a noção de taxa como contraprestação por um serviço público, passando o Estado à condição de sócio minoritário - e apenas com relação ao ativo! - dos litigantes.

Mas ainda há outros problemas, relacionados com este método de cobrança, e potencializados pela falta de limite superior. Quem não conheça a realidade de um processo judicial, ou não reflita com a devida atenção sobre o disposto nos incisos do artigo 4º, pode ser levado a crer que as custas arrecadadas pelo Estado, em um processo de conhecimento, fiquem em 2% do valor da causa (incisos I e II), ou 3%, se houver posterior execução de sentença condenatória (inciso III). Entretanto, mesmo no tocante ao percentual total a ser arrecadado, também não há limite!

Dados os fatos geradores neles previstos, as custas exigidas nos incisos I e III hão de ser cobradas uma única vez. Não é o que ocorre, todavia, com a hipótese do inciso II: incide 1% do valor da causa sobre cada apelação interposta no processo. Assim, com certa freqüência pode-se ver, no caso concreto, que o valor recolhido supera aquela noção inicial a que a lei nos induz, de que o Estado estaria cobrando 2% do valor da causa, 1% em cada grau de jurisdição, para fornecer justiça. E são inúmeras as situações que concretamente ocorrem.

Primeiramente, havendo procedência parcial do pedido, ambas as partes podem apelar da sentença, cada qual pagando 1% de preparo de seu recurso.

Havendo anulação da sentença, pelo Tribunal, com retorno do feito ao primeiro grau para novo julgamento, desta segunda sentença cabe outro apelo, novamente taxado, no mesmo percentual. E se em ambas as sentenças o julgamento tivesse sido pela procedência parcial do pedido, com recursos interpostos por ambos os litigantes - situação nada difícil de ocorrer na prática -, arrecadaria o Estado até aqui nada menos do que 5% do valor da causa, somando-se os quatro preparos com as custas iniciais.

Imaginemos, então, se houver litisconsórcio, com diferentes advogados defendendo cada um dos litisconsortes. Embora tecnicamente possível, litisconsortes ativos com diferentes advogados é fenômeno cuja incidência, na prática, deve ser quase nula, talvez restrita aos casos de litisconsórcio ulterior; bastante comum, porém, que os diversos réus tenham, cada qual, seu próprio advogado. Como cada parte, defendida pelo seu advogado, irá apresentar recurso independente, de cada uma será cobrado 1% de custas. Idêntica a situação, quando no processo houver terceiros intervenientes, estes naturalmente defendidos por advogados diversos dos das partes, apresentando seu eventual recurso de forma autônoma.

Isoladamente, nenhuma destas situações acima pode ser considerada rara ou excepcional, de forma que o recolhimento de mais do que 2% do valor da causa, só para o processo de conhecimento, é algo nada incomum. Nem é difícil que vários destes fatores se cumulem numa única causa: vários litigantes, com advogados próprios, apelando da sentença, e sendo esta anulada uma vez, todos apelem pela segunda vez... Não seria impossível, em causa assim complexa, que, somadas as custas com a execução, passássemos da casa dos 10%.

Acrescentemos, como último ingrediente, o disposto no parágrafo 5°, do artigo 4°, da lei. Segundo este dispositivo, se as custas iniciais foram diferidas "para final", conforme determina o parágrafo 4°, o apelante há de recolher não apenas o seu 1%, mas também o 1% que foi inicialmente dispensado. As regras destes parágrafos, é verdade, não costumam ser muito lembradas pelos sujeitos processuais, no cotidiano forense. É de se temer, todavia, pelo que aconteceria se, diferido para o futuro o pagamento inicial de custas, houvesse vários apelos, interpostos pelos vários litigantes. Haveria, cada um, de recolher os 2%?

Não há, enfim, na lei, qualquer previsão que limite o percentual máximo que o Estado mereça receber por seus serviços judiciários. Se não vemos custas atingirem 30%, 40%, ou mais, do valor da causa, isto se deve a circunstâncias fáticas que demonstram ser razoavelmente improvável a ocorrência de um litisconsórcio multitudinário, com dezenas de litisconsortes defendidos por advogados diferentes. Se tal processo se formar, qualquer que seja a sentença final, o grande vencedor será, sim, o Estado...

Se a falta de um teto nominal já é causa para distorções fiscais e embaraços ao acesso à justiça, o que dizer, então, de custas que sequer encontram um percentual limite? Se a proporcionalidade é desejável, como justificar que fatores meramente aleatórios, como a defesa dos litisconsortes por diferentes advogados, incrementem sobremaneira o valor das custas arrecadadas? Ou, pior, como justificar que a má prestação da jurisdição, representada pela sentença anulada, propicie significativos ganhos a maior ao próprio Estado?

Por último, citamos mais um fato que se repete com certa freqüência no foro, gerando graves distorções: como o valor do preparo do recurso é proporcional ao valor da causa, nas ações em que se pede condenação em dinheiro que tenham sido julgadas parcialmente procedentes, vê-se o réu na contingência de recolher 1% sobre o valor pedido, e não sobre o valor da condenação, por vezes bem inferior.

Caso bem representativo desta situação foi recentemente julgado pela 7ª Câmara de Direito Privado do Tribunal de Justiça de São Paulo: pedia inicialmente o autor a condenação ao pagamento de R$ 1.000.000,00 (um milhão de reais), sendo este o valor da causa, mas a sentença de primeiro grau fixou o valor da indenização em "apenas" R$ 65.000,00 (sessenta e cinco mil reais). Ora, considerando o valor atual do salário mínimo, de R$ 136,00 (cento e trinta e seis reais), e desprezando a correção monetária desde o ajuizamento, o valor do preparo deste apelo, na letra fria da lei, custaria à ré R$ 6.020,00 (seis mil e vinte reais), ou quase 10% do valor da condenação efetivamente imposta pela sentença de que recorre. Naquele julgado, para felicidade da recorrente, entendeu o Tribunal que *"justamente em razão desta disparidade, é que a partir da sentença deve-se considerar o valor da condenação para cálculo do preparo de eventuais recursos"* (Ag. de Instr. nº 104.981-4/9-SP; acórdão publicado no Boletim da AASP nº 2136), admitindo-se preparo de 1% dos R$ 65.000,00 (sessenta e cinco mil reais).

Nossos tribunais têm-se manifestado, inclusive, no sentido de reduzir o valor processual atribuído à causa, acolhendo-se impugnação do réu, nos casos em que este valor parecer absurdo ou exagerado. Assim, por exemplo, decidiu o Tribunal de Justiça, desta vez a 1ª Câmara de Direito Privado, que, embora a fixação do valor da indenização só venha a ser feita na sentença, *"nem por isso, há de se permitir que o Juiz fique como observador impassível, no decorrer do processo, desde a inicial, acatando propostas de evidente exagero, sem nenhum fundamento fático, as quais devem ser repelidas, ou reduzidas a seus justos limites, independentemente do que virá a ser decidido na sentença"* (JTJ 192/199). Na mesma linha de interpretação, decidiu o 2º Tribunal de Alçada Civil que se, por um lado, *"nas lides indenizatórias, o valor da causa deve equivaler ao do montante da condenação colimada pelo autor"*, (...) *"o exagero deve ser coibido, sobretudo quando o autor litiga, como no caso, sob os auspícios da justiça gratuita"* (acórdão publicado no Boletim da AASP nº 2018).

Tais julgados são, sem dúvida, tecnicamente incorretos, pois o valor processual da causa há de corresponder ao que está em disputa, e não ao que efetivamente tem direito o autor, nem ao que tenha sido concedido em sentença; do contrário, improcedente a ação, teríamos que concluir que o valor da causa haveria de ser igual a zero. Entretanto, mostra-se evidente, no teor dos votos proferidos, a preocupação dos julgadores com o problema de acesso à justiça que o valor da causa elevado acarreta. Vê-se, nestes acórdãos, que o que impressionou os magistrados foi o fato de que, para futuro e eventual recurso, teria o réu que despender valores despropositados a título de preparo, enquanto o autor, beneficiário de justiça gratuita, nada recolheu de custas iniciais.

Analisando as questões trazidas nestes julgamentos, entendemos que a distorção, em verdade, não está nem no pedido do autor, até porque o direito de pedir em juízo é incondicionado e independente da existência de um direito material (e como podemos dizer, no início do processo, que o autor não tem direito a tanto quanto pede?), nem no valor processual atribuído à causa, fixado em sintonia com o pedido, nem, muito menos, no fato do autor, pobre, ter pleiteado justiça gratuita. A distorção está mesmo na lei estadual, que não tem limite máximo para a taxa judiciária, e utiliza critérios proporcionais de cálculo não apenas para as custas iniciais, mas também no cômputo do preparo de apelação, o que é fator inibidor ao direito de recorrer das decisões, direito esse assegurado pelo princípio do duplo grau de jurisdição.

Não é demais lembrar, a título de exemplo, que o sistema de custas da Justiça Federal, instituído pela Lei nº 9.289/96, além de fixar teto máximo em oitocentas UFIRs - hoje, R$ 851,28 (oitocentos e cinqüenta e um reais e vinte e oito centavos) -, estabelece que metade do valor será recolhido pelo autor, com o ajuizamento da ação, e a outra metade pelo apelante, conforme se lê nos incisos do art. 14, desta lei.

5. Conclusões.

Feitas as colocações acima, merece revisão nossa lei de custas, seja para fixar-se um teto máximo nominal para custas iniciais, seja para estabelecer valores mais razoáveis para o preparo de recursos, evitando-se que o Estado obtenha arrecadação desproporcional ao que se discute no litígio, ou ao custo do serviço que presta aos jurisdicionados.

Enquanto não se corrigem estas distorções legais, ora apontadas, roga-se que os nossos magistrados continuem a dar prevalência à garantia fundamental de acesso à justiça, toda a vez que a aplicação formal da lei processual ou dos regimentos de custas se constituir em um óbice a tal acesso.

6. Bibliografia.

CAPPELLETTI, Mauro; GARTH, Bryant. Acesso à Justiça. Trad: Ellen Gracie Northfleet. Porto Alegre: Sérgio Antonio Fabris Editor, 1988.

LEIPOLD, Dieter. "Limiting Costs for Better Access to Justice: the German Approach". In: Reform of Civil Procedure - Essays on 'Access to Justice'. New York: Oxford University Press, 1995.

MARCACINI, Augusto Tavares Rosa. Assistência Jurídica, Assistência Judiciária e Justiça Gratuita. Rio de Janeiro: Forense, 1996.

RODRIGUES, Walter Piva; MARCACINI, Augusto Tavares Rosa. "Proposta de Alteração da Lei de Assistência Judiciária". In: Revista da Faculdade de Direito da USP, vol. 93, 1998.

SCARSELLI, Giuliano. Le Spese Giudiziali Civili. Milano: Giuffrè, 1998.